维权帮 / 编

人生法律解答书

RENSHENG FALÜJIEDASHU

- 涵盖职场生活常见疑难问题
- 法律专业人士以案释法详细解答
- 对症下药，教您选择正确途径维权

职场卷

中国法制出版社
CHINA LEGAL PUBLISHING HOUSE

前　言

劳动关系是社会中的一个焦点性的法律关系，劳动关系的和谐稳定是构建社会主义和谐社会的基础。但是劳动关系中避免不了争议和纠纷，特别是利益之争，是各行各业、各种法律关系都无法避免的。在没有遇到争议和纠纷的时候，我们往往感受不到法律的重要性，但是当我们作为利益的主体之一，作为劳动者与用人单位之间产生争议和纠纷时，就需要法律作为保障来维护自己的合法权益。

都说“商场如战场”，其实，职场中也可能面临着种种危机。身在职场，我们应该对有关的劳动法律知识有所了解和把握，在遇到问题时，能够懂得如何才能最大限度地避免损失。也只有真正地了解相关的法律知识，才能正确分辨各种劳动争议的性质，并对症下药，选择最佳的途径来维权。

或许，每位劳动者和受到劳动关系影响的人都需要一本与劳动者权益相关的法律书。为了帮助大家学习相关的劳动法知识，在职场自如地运用法律，我们编写了这本《人生法律解答书（职场卷）》。

本书结合实际生活，选取职场中可能遇到的各种小问题，由专业的法律人士做出详尽的解答，内容丰富、通俗易懂，是一本不可多得的普法之作。对于每一个小问题，我们都从以下五个部分来进行分析和阐述：

第一部分为职场在线，该部分主要为陈述案情事实。此处的案情有的是来源于真实的职场生活案例，有的是对真实职场状态的合理改编。不管是真实的故事还是合理的改编，相信每一位读者或多或少地都能从某个案情中找到自己的影子，从而引发思考。

第二部分为法律疑点，该部分结合职场在线的案情，直截了当地引出所涉及的法律问题。

第三部分为法律分析，该部分针对法律疑点从法律专业的角度进行分析，进一步探析案情中所延伸的知识点，真正为读者解疑释惑。

第四部分为条文链接，法律条文是解决所有法律纠纷的依据，任何纠纷的依法解决都离不开法律条文的支撑。配以法律条文，可以让每位读者都能弄清楚相关的法律到底是如何规定的，从而更有利于帮助大家学习了解法律。

第五部分为职场人生，该部分主要是将法律与做人的道理相结合，给读者以启示。不忘初心，让法律更恰当地融入我们职场生活中去，为每一个人服务。

最后，衷心希望本书能给您带来帮助。书中如有不妥之处，敬请批评指正！

本书编委会

2019年3月

目　录

第三章 工资规定与发放

第四章 休假与工作时间

第五章 工伤认定与处理

第六章 养老、医疗、失业、生育保险与住房公积金

第七章 对女员工的特别劳动保护

第八章 劳动安全

第九章 参与企业管理

第十章 解除劳动合同

第十一章 劳动仲裁

第十二章　常见职场犯罪

第一章

签订劳动合同

1. 劳动者与用人单位之间的劳动关系从什么时候起建立？

职场在线

吴某是某校市场营销专业的一名大学毕业生。2017 年 9 月，吴某在某房地产公司的网站上看到该公司销售部招聘人员的信息。吴某在经过详细了解之后，认为这份工作的薪资待遇比较好。于是，他便前去应聘。经过三轮选拔之后，吴某最终应聘成功。在被录用后，该房地产公司称，由于担心吴某不能胜任此份工作，因此，需要吴某在正式工作之前进行试岗半个月，合格后才能与其签订劳动合同。吴某答应了公司的要求，但是他很疑惑：一旦自己与该单位签订劳动合同，那么自己与用人单位之间的劳动关系应当是从实际参加工作之日起建立，还是从签订劳动合同之日起建立呢？

法律疑点

劳动者与用人单位之间的劳动关系应当从什么时候起建立？

法律分析

劳动者与用人单位之间的劳动关系应当自用工之日起建立。

我国《劳动合同法》第七条规定："用人单位自用工之日起即与劳动者建立劳动关系。"第十条规定："建立劳动关系，应当订立书面劳动合同。已建立劳动关系，未同时订立书面劳动合同的，应当自用工之日起一个月内订立书面劳动合同。"由此可知，从用工之日起，劳动者与用人单位之间的劳动关系就已经建立。换言之，劳动者与用人单位是否建立劳动关系并不是以是否签订劳动合同为标准，即便没有签订劳动合同，劳动者已经开始在用人单位工作，也意味着已经建立了劳动关系。

依据我国法律的规定，劳动关系应当是自用人单位用工之日起确立，并且要求用人单位应当在法定时间内与劳动者签订书面劳动合同，否则将承担一定的法律责任。法律之所以如此规定，是因为自用工之日起确立劳动关系，能够保护劳动者的合法权益，避免用人单位以试用期为由而不与劳动者签订劳动合同，从而使劳动关系以书面的形式稳定下来，便于双方根据合同的内容履行各自的义务，维护各自的正当利益。

在上面的案例中，虽然吴某与用人单位是在试岗半个月后才签订劳动合同。但是，根据上述法律的规定，劳动者与用人单位之间的劳动关系自用工之日起确立。因此，吴某与用人单位之间的劳动关系从其在单位工作的第一天起就已经建立。

条文链接

《中华人民共和国劳动合同法》

第七条　用人单位自用工之日起即与劳动者建立劳动关系。用人单位应当建立职工名册备查。

第十条　建立劳动关系，应当订立

书面劳动合同。

已建立劳动关系，未同时订立书面劳动合同的，应当自用工之日起一个月内订立书面劳动合同。

用人单位与劳动者在用工前订立劳动合同的，劳动关系自用工之日起建立。

第八十二条第一款 用人单位自用工之日起超过一个月不满一年未与劳动者订立书面劳动合同的，应当向劳动者每月支付二倍的工资。

职场人生

在实际的工作中，先试用再签订劳动合同的现象是非常多的。而很多劳动者都会认为试用期间劳动关系是不成立的，但实际上，我国法律明确规定劳动关系建立的时间是劳动者在用人单位开始工作之日。也就是说，试用期间是计算在劳动合同期限内的。因此，劳动者在实际的工作中需要注意，在实际开始工作时间与劳动合同的签订时间不一致时，要以实际的工作时间为准。

2. 计件制工作应当怎样签订劳动合同?

职场在线

杜女士是某企业的下岗工人。下岗后，为了减轻家里的经济负担，杜女士又在某市的一个电子配件厂找到了一份工作，该电子配件厂是计件工资，工资的计算方法为每完成手机某个部件的装配的数量乘每件的报酬。在应聘成功之后，杜女士非常满意这份工作。但是，她并不清楚这种计件制工作应当怎样签订劳动合同，担心自己以后在该电子配件厂的工作没有保障。因为计件制工作可能没有固定的劳动期限，她害怕用人单位会随时辞退自己。于是，杜某便四处询问，想打听一下计件制工作应当如何签订劳动合同。可是，在经过打听之后，她发现身边的人很少有自己这种按计件方式计算工资签订劳动合同的。

法律疑点

计件制工作应如何签订劳动合同?

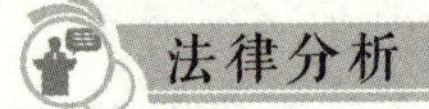

法律分析

计件制工作可以以完成一定工作任务为期限的方式签订劳动合同。

根据《劳动合同法》第十二条和第十五条的规定，劳动合同分为固定期限劳动合同、无固定期限劳动合同和以完成一定工作任务为期限的劳动合同。其中，以完成一定工作任务为期限的劳动合同，是指用人单位与劳动者约定以某项工作的完成为合同期限的劳动合同。而对于无固定期限的劳动合同，在劳动者与用人单位协商一致的情况下，可以订立以完成一定工作任务为期限的劳动合同。工作性质是计件制，不是正常情况下的常规性比较稳定的工作，没有固定的劳动期限。因此，对于参加计件制工作的劳动者，其可以采用以完成一定工作任务为期限的方式与用人单位签订劳动合同。

对于计件形式的工作，在用人单位和劳动者协商一致的前提下可以签订以完成一定任务为期限的劳动合同。这样既有利于维护劳动者在此阶段的合法权益，也能保证用人单位充足的劳动力，为按时完成任务提供了可靠的保障，这项规定具有双赢的特点。

在上面的案例中，杜女士所在的工作单位采用的是计件形式计算工资。对此，杜女士为了保障自己合法权益，在与电子配件厂签订劳动合同时，可以订立以完成一定工作任务为期限的劳动合同。等到本次工作任务完成后，可以再与其签订其他工作任务为期限的劳动合同。

条文链接

《中华人民共和国劳动合同法》

第十二条　劳动合同分为固定期限劳动合同、无固定期限劳动合同和以完成一定工作任务为期限的劳动合同。

第十五条　以完成一定工作任务为期限的劳动合同，是指用人单位与劳动者约定以某项工作的完成为合同期限的劳动合同。

用人单位与劳动者协商一致，可以订立以完成一定工作任务为期限的劳动合同。

职场人生

劳动合同的形式不但有我们常见的为期几年的固定期限模式，还有不确定具体期限的劳动合同和以完成一定工作任务为期限的计件合同模式。作为劳动者，我们最常见的是固定期限的劳动合同。但是，我们不能错误地认为，像计件形式的工作模式就无须签订劳动合同。对此，劳动者应当明确不固定期限的劳动合同应当如何订立，以便在实际的工作中保护自己的合法权益。

3. 大学生参加兼职工作是否需要订立书面劳动合同？

职场在线

小玲是某学校的一名在读大学生，在大二时，小玲觉得自己课程比较少，因此，便想利用课余时间去做兼职，在锻炼自己的同时也能减轻父母的负担。后来，在同学的介绍下，小玲在某个餐厅找到了一份工作。但是，开始工作后，该餐厅一直都没有与小玲订立书面劳动合同，只是餐厅的经理告诉她每天的工资和工作时间。对此，小玲心里觉得非常没有底，担心与餐厅没有订立书面劳动合同会导致自己的工作没有保障。而且小玲曾经听说，只要参加工作都应当与用人单位签订书面劳动合同。因此，小玲便找到餐厅经理，询问订立书面劳动合同的时间。而餐厅的经理称，在小玲入职时已经订立了口头协议，她是兼职人员，所以就无须再订立书面劳动合同。

法律疑点

小玲是否需要与用人单位订立书面劳动合同？餐厅经理的说法是否正确？

法律分析

大学生参加兼职是需要与用人单位订立劳动合同的。

我国《劳动合同法》第六十九条规定："非全日制用工双方当事人可以订立口头协议。从事非全日制用工的劳动者可以与一个或者一个以上用人单位订立劳动合同；但是，后订立的劳动合同不得影响先订立的劳动合同的履行。"由此可见，不管是全日制用工还是非全日制用工，都需要与用人单位签订劳动合同。但不同的是，非全日制用工即兼职工作受劳动合同的形式限制比较少，非全日制用工中签订书面劳动合同并不是必需的，用人单位与劳动者可以订立口头协议，也可以签订书面劳动合同。

非全日制用工具有灵活性、自主性，因此，法律对此规定也相对比较宽松。从事非全日制工作的劳动者，在与用人单位协商一致的情况下，既可以订立口头协议，也可以签订书面劳动合同。法律作出如此规定，是为了更好地保持非全日制用工形式的灵活性以促进就业，提高效率，节约企业的用工成本。

在上面的案例中，小玲作为餐厅的兼职人员，在入职时，餐厅经理已经与其订立了口头协议。根据上述法律的规定，非全日制用工订立的口头协议也是有效的。因此，该餐厅经理的说法是正确的，该餐厅在小玲入职时已经与其订立了口头劳动协议，就无须再签订书面合同了。

条文链接

《中华人民共和国劳动合同法》

第六十九条　非全日制用工双方当事人可以订立口头协议。

从事非全日制用工的劳动者可以与一个或者一个以上用人单位订立劳动合同；但是，后订立的劳动合同不得影响先订立的劳动合同的履行。

职场人生

现实生活中，大学生参加兼职的现象是非常多见的。对于非全日制劳动者而言，其与用人单位在协商一致的情况下，订立口头协议即可。但是，即使是口头协议也具有法律效力，双方应该按照口头约定的内容履行各自的义务，不得损害另一方的合法权益。

4. 在哪些条件下，劳动者可以与用人单位签订无固定期限劳动合同？

职场在线

陈某是某珠宝公司设计部的一名员工，其从2010年起就在该公司工作。自从工作以来，陈某已经与该珠宝公司签订了两次固定期限劳动合同。2018

年5月6日，陈某与公司的劳动合同期限再次届满。由于陈某觉得与同事们相处得非常好，而且公司的领导非常重视她，因此，陈某决定与该公司续签劳动合同。但是，一次在与同事聊天时，陈某听说，这次再签订劳动合同时，公司应当与她签订无固定期限的劳动合同。陈某听到后非常开心，但是，她并不清楚自己是否可以与公司签订无固定期限的劳动合同。因此，她非常想了解一下职工与用人单位签订无固定期限劳动合同的条件。

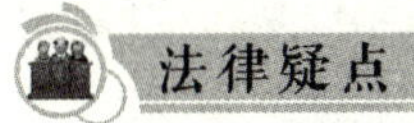

法律疑点

在哪些条件下，劳动者可以与用人单位签订无固定期限劳动合同？

法律分析

劳动者在四种法定情形下，可以与用人单位签订无固定期限劳动合同。

根据《劳动合同法》第十四条的规定，有下列情形之一时，劳动者可以与用人单位订立无固定期限劳动合同：（1）在用人单位连续工作满十年的；（2）用人单位初次实行劳动合同制度或者国有企业改制重新订立劳动合同时，劳动者在该用人单位连续工作满十年且距法定退休年龄不足十年的；（3）与用人单位连续订立二次固定期限劳动合同，且不存在用人单位可以单方解除劳动合同的情形，续订劳动合同的；（4）用人单位自用工之日起满一年不与劳动者订立书面劳动合同的，视为用人单位与劳动者已订立无固定期限劳动合同。

所谓无固定期限劳动合同，是指用人单位与劳动者约定无确定终止时间的劳动合同。订立无固定期限劳动合同的目的是为了维护为企业奉献多年的劳动者的合法权益，为他们今后的发展提供可靠的保障，这样有利于员工职业生涯的发展，也有利于企业的发展。但是，订立无固定期限劳动合同时必须符合法律规定的具体条件。

在上面的案例中，陈某已经与珠宝公司签订了两次固定期限劳动合同，在此次劳动合同期限届满之后，陈某准备续订劳动合同。因此，根据上述法律规定的第三个条件，陈某是可以与用人单位签订无固定期限劳动合同的。

条文链接

《中华人民共和国劳动合同法》

第十四条　无固定期限劳动合同，是指用人单位与劳动者约定无确定终止时间的劳动合同。

用人单位与劳动者协商一致，可以订立无固定期限劳动合同。有下列情形之一，劳动者提出或者同意续订、订立劳动合同的，除劳动者提出订立固定期限劳动合同外，应当订立无固定期限劳动合同：

（一）劳动者在该用人单位连续工作满十年的；

（二）用人单位初次实行劳动合同制度或者国有企业改制重新订立劳动合同时，劳动者在该用人单位连续工作满十年且距法定退休年龄不足十年的；

（三）连续订立二次固定期限劳动合同，且劳动者没有本法第三十九条和第四十条第一项、第二项规定的情形，续订劳动合同的。

用人单位自用工之日起满一年不与劳动者订立书面劳动合同的，视为用人单位与劳动者已订立无固定期限劳动合同。

职场人生

在职场中，大部分情况下，劳动者与用人单位签订的都是固定期限的劳动合同。然而，如果劳动者已经在单位工作了多年，并且已经与用人单位订立了两次劳动合同，我们则要注意自己是否符合签订无固定期限劳动合同的条件。当符合签订无固定期限劳动合同的要求时，我们要保护自己的合法权益，可以要求用人单位与自己签订无固定期限劳动合同。

5. 没有营业执照的分公司以自身名义与劳动者签订劳动合同的行为是否合法？

职场在线

小林原来是某化妆品公司销售部的一名员工，其在该公司工作了三年之后，觉得在该公司没有大的发展前途。因此，在劳动合同期限届满后，其便没有与该公司续签劳动合同。后来，小林又在另一家知名连锁化妆品公司的分公司找到了一份工作。在应聘成功后，该分公司便准备与小林签订劳动合同。但是，在签订劳动合同时，小林发现这份劳动合同是该分公司以自身名义签订的。对此，小林认为分公司好像是不能以自身的名义与劳动者订立劳动合同的。而且，小林了解到该分公司并未取得营业执照。所以，小林便向自己的一个正在做律师的朋友进行咨询，以确定自己是否可以与该分公司签订劳动合同。

法律疑点

没有营业执照的分公司有权以自身的名义与劳动者签订劳动合同吗？

法律分析

没有营业执照的分公司是不能以自身名义与劳动者签订劳动合同的。

《劳动合同法实施条例》第四条规定：“劳动合同法规定的用人单位设立的分支机构，依法取得营业执照或者登记证书的，可以作为用人单位与劳动者订立劳动合同；未依法取得营业执照或者登记证书的，受用人单位委托可以与劳动者订立劳动合同。”根据本条规定，依法取得营业执照或者登记证书的分支机构具有用工主体资格，可以作为用人单位与劳动者订立劳动合同，可以直接作为劳动合同中的用人单位一方。未依法取得营业执照或者登记证书的分支机构，只能受用人单位委托与劳动者订立劳动合同，即劳动合同中的用人单位只能是设立该分支机构的单位，不能将分支机构直接列为用人单位。

用人单位分支机构的法律地位较为特殊，一方面它不具有独立的法人资格，另一方面它又具有相对的独立性。因此，法律规定依法取得营业执照或者登记证书的分支机构具有一定的用工资格，此外就只有在获得用人单位授权的情况下才能够招用劳动者，这是一种委托行为，受托的结果归于委托单位，因此应有《委托书》。除此之外，分支机构不得以自己的名义与劳动者签订劳动合同。

在上面的案例中，某化妆品分公司作为分支机构，其并未取得营业执照。因此，根据《劳动合同法实施条例》第四条的规定，该化妆品分公司是不能以自身的名义与劳动者签订劳动合同的。该分公司必须取得总公司的委托授权，才能与劳动者签订劳动合同。

条文链接

《中华人民共和国劳动合同法实施条例》

第四条　劳动合同法规定的用人单位设立的分支机构，依法取得营业执照或者登记证书的，可以作为用人单位与劳动者订立劳动合同；未依法取得营业执照或者登记证书的，受用人单位委托可以与劳动者订立劳动合同。

职场人生

关于分支机构作为用工单位时，是否具备用工主体资格的问题，必须根据具体情况进行分析确定。在现实生活中，针对用人单位招聘劳动者的情形，劳动者在与分公司签订劳动合同时，一定要首先明确该分公司是否已经取得了营业执照。如果未取得营业执照，在签订劳动合同时要要求该分公司出具总公司的委托书。否则，未取得营业执照的分公司就不能以自身名义与劳动者签订合同。

6.　用人单位可以对基层服务员进行竞业限制吗？

职场在线

小钟由于主要学习的是酒店管理专业，因此大学毕业后，便在某市的一个五星级酒店找到了一份工作，成为该酒店的服务员。但是，在签订劳动合同时，小钟发现，在合同中有一条关于竞业限制的规定。对此，小钟并不理解，便向经理询问。该酒店的经理称，酒店的所有员工在签订劳动合同时都要有竞业方面的限制，因此，在劳动合同中有一条关于竞业限制的规定。小钟听到后感到非常疑惑，认为只是高级管理人员才会签订竞业限制协议，而自己只是基层服务员，虽然接触一些客户，但是，并未涉及任何商业秘密，因此，应该是不需要签订的。

法律疑点

用人单位可以对基层服务员进行竞业限制吗？

法律分析

并非所有的劳动者都要与用人单位签订竞业限制协议。一般情况下，用人单位是不可以对基层服务员进行竞业限制的。

根据我国《劳动合同法》第二十四条规定，竞业限制的人员限于用人单位的高级管理人员、高级技术人员和其他负有保密义务的人员。由此可知，如果根本没有保密的必要，则不必签订竞业限制协议。此外，国家对于劳动者与用人单位签订竞业协议的规定并不是强制条款，也就是可以签可以不签。

竞业限制的适用客观上限制了劳动者的就业权，因此，法律对竞业限制进行了规定，即其只能以协议的方式确立，且一般仅限于知悉本单位商业秘密及核心技术的劳动者，不应涵盖每个劳动者。此外，在竞业限制协议中，竞业限制的范围、地域、期限等约定的内容不得违反法律法规的规定。法律之所以对竞业限制作出严格的规定，是为了避免用人单位滥用竞业限制损害劳动者的合法权益。

在上面的案例中，小钟作为酒店的基层服务员，并未接触到酒店的任何商业秘密，也并不负有任何的保密义务。根据《劳动合同法》第二十四条的规定，小钟并不属于竞业限制的人员，竞业限制条款也不属于强制条款。因此，小钟无须与酒店签订竞业限制协议。酒店要求每个员工都签订竞业限制条款的行为是错误的。

条文链接

《中华人民共和国劳动合同法》

第二十四条 竞业限制的人员限于用人单位的高级管理人员、高级技术人员和其他负有保密义务的人员。竞业限制的范围、地域、期限由用人单位与劳动者约定，竞业限制的约定不得违反法律、法规的规定。

在解除或者终止劳动合同后，前款规定的人员到与本单位生产或者经营同类产品、从事同类业务的有竞争关系的其他用人单位，或者自己开业生产或者经营同类产品、从事同类业务的竞业限制期限，不得超过二年。

职场人生

竞业限制只适用于部分劳动者，而且竞业限制的范围、地域、期限由用人单位与劳动者约定，不能由用人单位单方面确定。此外，即便是用人单位与劳动者协商一致，其竞业限制协议的内容也必须符合法律的规定，否则就是无效的。我们劳动者在与用人单位签订竞业限制协议时，一定要注意自己是否有签订此种协议的必要。

7. 劳动者在受用人单位胁迫的情况下签订的劳动合同有效吗？

职场在线

小丽是某珠宝公司设计部的一名员

工，其从大学毕业后就一直在该珠宝公司就职，现在已经工作了近六年。在工作期间，小丽对工作非常认真负责，而且她非常有设计天赋，为公司设计的珠宝非常受欢迎。但是，因为在该珠宝公司，小丽设计的珠宝总是以设计部总监的名义进行发布，因此大家都不知道真正的设计者是小丽。对此，小丽感到非常不满，认为自己在这个公司不会有太大的发展。于是，在劳动合同到期后，小丽便准备不再续订。但是，该公司威胁小丽，称如果小丽不续签劳动合同，就会让她身败名裂，以后永远无法再继续从事珠宝设计工作。无奈之下，小丽只能又与该公司续签了三年的劳动合同。

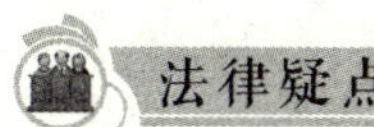
法律疑点

小丽在受到某珠宝公司胁迫的情况下签订的劳动合同有效吗?

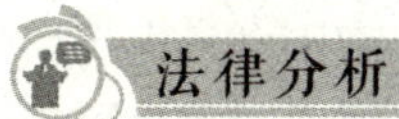
法律分析

用人单位以胁迫的手段迫使劳动者订立的劳动合同无效。

我国《劳动合同法》第二十六条第一款第一项规定，以欺诈、胁迫的手段或者乘人之危，使对方在违背真实意思的情况下订立或者变更劳动合同的视为无效或者部分无效。由此可知，用人单位与劳动者在签订劳动合同时必须要经过双方的协商一致，只有在双方达成一致的情况下，签订的劳动合同才具有法律效力。任何一方都不能在违背对方真实意思的情况下订立或者变更劳动合同，否则，劳动合同会被认定为无效或者部分无效。

劳动合同的签订应当是双方当事人真实的意思表示，如果一方通过欺诈、胁迫等手段完成合同的签订，此类劳动合同虽然在形式上成立了，但并不能生效，不具有法律约束力。因为用工单位以将要发生的损害或者以直接实施损害相威胁，迫使对方处于恐怖状态而签订劳动合同，这种行为是违法的。法律之所以作出如此规定，是为了保护劳动者的合法权益，避免用人单位利用劳动者的弱势地位损害劳动者的合法权益。

在上面的案例中，珠宝公司以让小丽身败名裂的手段对其进行威胁，强迫其续签劳动合同。根据《劳动合同法》的规定，珠宝公司采用强迫手段威胁小丽的行为违背了小丽真实的意思，是违法的，因此，珠宝公司与小丽签订的劳动合同是无效的。小丽在签订劳动合同后，此份劳动合同也不会发生法律效力，小丽可以申请确认劳动合同无效。

条文链接

《中华人民共和国劳动合同法》

第二十六条第一款　下列劳动合同无效或者部分无效:

（一）以欺诈、胁迫的手段或者乘人之危，使对方在违背真实意思的情况下订立或者变更劳动合同的;

……

职场人生

在职场中，劳动者处于弱势地位，因此，一些用人单位采用胁迫手段要求劳动者签订劳动合同。在面对此种情况时，有的劳动者则选择沉默，对用人单位的行为听之任之。实际上，劳动者的这种做法是错误的，在用人单位出现此种行为时，作为劳动者可以拒绝用人单位的要求，也可以向相关部门提出控诉，或者向劳动仲裁委员会申请确认其与用人单位签订的劳动合同无效，以维护自身的合法权益。

8. 在没有劳动合同的情况下，劳动者应当怎样证明其与用人单位之间存在劳动关系？

职场在线

方某大学毕业后便在当地某广告公司找了一份工作，但是，在方某入职后，该公司一直不与她签订劳动合同，称在试用期结束后才能签订劳动合同。可是，在试用期结束后，该广告公司又以各种理由进行推托。方某在工作了半年后，觉得公司一直不签订劳动合同，也不按时发工资，自己的工作没有任何保证，因此，便准备辞职。此时，该公司人事部门的经理却以双方未签订劳动合同为由拒绝发放拖欠方某的工资。为此，方某准备向劳动部门申请仲裁，要求广告公司支付拖欠自己的工资。但是，因为没有签订劳动合同，方某不知道自己应当如何证明劳动关系的存在。

法律疑点

在没有劳动合同的情况下，劳动者应当怎样证明其与用人单位之间存在劳动关系？

法律分析

在没有劳动合同的情况下，劳动者可以采用其他的书面文件证明其与用人单位之间存在劳动关系。

根据《劳动合同法》第七条和第十条的规定，劳动关系自用人单位用工之日起建立，已建立劳动关系，未同时订立书面劳动合同的，应当自用工之日起一个月内订立书面劳动合同。由此可知，劳动关系从用人单位用工之日起已经建立，即便没有签订书面劳动合同，用人单位也不能否认劳动关系的存在。如果用人单位招用劳动者未订立劳动合同，但劳动者只要能出示工资支付凭证、缴纳社会保险费的记录、用人单位发放的工作证和服务证、劳动者填写的用人单位招聘登记表和报名表以及考勤的记录等，就可以证明双方劳动关系的存在。而且根据《劳动合同法》第八十二条第一款与《劳动部关于贯彻执行〈中华人民共和国劳动法〉若干问题的意见》第十七条的规定，如果用人单位不与劳动者签订劳动合同，自劳动者进入公司一个月至一年这段时间，可以要求公司每月支付二倍的工资，也可以向劳动行政部门控诉。

书面劳动合同在劳动争议中可以作为一项有力的证据使用，但是劳动关系的建立并不是以签订劳动合同为要件的，只要存在用工事实，用人单位就应当支付劳动者相应的报酬。法律作出这样的规定，有利于依法保护劳动者的合法权益，有利于规范用人单位的行为，督促用人单位依照法律规定按时与劳动者签订劳动合同。

在上面的案例中，虽然广告公司未与方某订立劳动合同，但是，这并不影响劳动关系的成立。方某可以用工资支付凭证、缴纳社会保险费的记录等证明自己与该广告公司存在事实上的劳动关系。

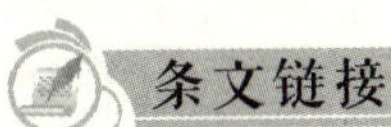

条文链接

《中华人民共和国劳动合同法》

第十条　建立劳动关系，应当订立书面劳动合同。

已建立劳动关系，未同时订立书面劳动合同的，应当自用工之日起一个月内订立书面劳动合同。

用人单位与劳动者在用工前订立劳动合同的，劳动关系自用工之日起建立。

第八十二条第一款　用人单位自用工之日起超过一个月不满一年未与劳动者订立书面劳动合同的，应当向劳动者每月支付二倍的工资。

《劳动部关于贯彻执行〈中华人民共和国劳动法〉若干问题的意见》

17．用人单位与劳动者之间形成了事实劳动关系，而用人单位故意拖延不订立劳动合同，劳动行政部门应予以纠正。用人单位因此给劳动者造成损害的，应按劳动部《违反〈劳动法〉有关劳动合同规定的赔偿办法》（劳部发〔1995〕223 号）的规定进行赔偿。

职场人生

实践中，用人单位不与聘用的劳动者订立劳动合同的现象时有发生，致使发生争议时，劳动者的合法权益难以维护。此时，就需要劳动者采用其他的有关其在该单位的相关文件予以证明事实劳动关系的存在。因此，在求职时，劳动者一定要注意与用人单位签订劳动合同。

9. 劳动合同到期后，劳动者仍在该单位继续工作的，劳动合同应如何认定？

职场在线

冯某是某电器有限责任公司市场部的经理，其在该公司已经工作了五年。2018 年 2 月，冯某与该电器公司所签订的劳动合同期限已经届满。但是，由于当时正值年底，公司的业务繁多，冯某一直没有与公司续签劳动合同。而冯某认为，自己在公司已经工作了很多年，即使不续签劳动合同也不会有什么问题。然而，冯某的丈夫一直让冯某尽快与单位续签劳动合同，称如果没有劳动合同的保障，用人单位很可能会随时辞退冯某。在冯某要求与公司续签劳动合同时，由于公司最近在进行人事变动，因此，该公司准备在一切都确定之后再与冯某续签劳动合同。对此冯某非常担心，不知道像自己这种情况在法律上应该如何认定。

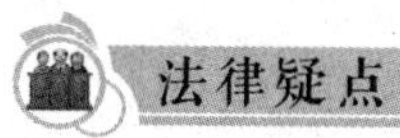

法律疑点

劳动合同到期后，劳动者仍在该单位继续工作的，劳动合同应当如何认定？

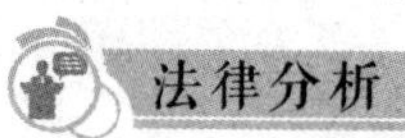

法律分析

根据《最高人民法院关于审理劳动争议案件适用法律若干问题的解释（一）》第十六条的规定，劳动合同期满后，劳动者仍在原用人单位工作，原用人单位未表示异议的，视为双方同意以原条件继续履行劳动合同。一方提出终止劳动关系的，人民法院应当支持。劳动合同终止的，依据《劳动合同法》第五十条的规定，用人单位应当为劳动者办理终止或解除劳动合同的手续，为劳动者出具终止、解除劳动合同证明书，作为劳动者按规定享受失业保险待遇和求职登记的凭证。也就是说，在劳动合同到期后，如果劳动者继续在原用人单位工作，用人单位也未提出任何异议，则一切照旧，认定为双方默认按照劳动合同的约定继续履行。

法律之所以作出上述规定，是因为一旦劳动合同期满后，劳动者仍在原单位工作，其又没有签订书面劳动合同的意识，此时，部分用人单位可能会利用劳动者法律意识淡薄的弱点，以劳动合同期限届满为由随时辞退劳动者，这不利于保护劳动者的合法权益。因此，法律规定，当劳动合同期限届满后，如果劳动者继续在用人单位工作，而用人单位也未提出任何异议的，那么视为双方按照原来的条件继续履行劳动合同。

在上面的案例中，冯某与用人单位的劳动合同期限届满后，仍在原单位工作，而所在的电器公司也未提出任何异议。因此，应当认定为双方同意以原条件继续履行劳动合同。但是，冯某应当与用人单位尽快续订劳动合同，以更好地维护自己的合法权益，使自己的工作处于一个稳定的状态。

条文链接

《中华人民共和国劳动合同法》

第五十条 用人单位应当在解除或者终止劳动合同时出具解除或者终止劳动合同的证明，并在十五日内为劳动者办理档案和社会保险关系转移手续。

劳动者应当按照双方约定，办理工作交接。用人单位依照本法有关规定应当向劳动者支付经济补偿的，在办结工作交接时支付。

用人单位对已经解除或者终止的劳动合同的文本，至少保存二年备查。

《最高人民法院关于审理劳动争议案件适用法律若干问题的解释（一）》

第十六条第一款 劳动合同期满后，劳动者仍在原用人单位工作，原用人单位未表示异议的，视为双方同意以原条件继续履行劳动合同。一方提出终止劳动关系的，人民法院应当支持。

职场人生

实践中存在很多劳动合同期满后，劳动者与用人单位没有及时续签劳动合同，但双方仍对此劳动关系默认的情况，对此，我国法律是予以保护的。也就是说，劳动合同履行期满后，劳动者继续在原用人单位工作，原单位接受的，劳动者与用工单位之间就形成了事实劳动关系，应在一个月内签订书面合同，否则一方要求终止，（除用人单位维持原条件续订劳动合同劳动者不同意外）用人单位应当向劳动者支付经济补偿。

10. 用人单位更换负责人是否影响劳动合同的履行？

职场在线

肖某是某化妆品企业的部门经理。2018年1月，肖某准备和丈夫到另一个城市生活，于是，便辞掉了该公司的工作。在肖某辞职后，化妆品公司又高薪聘请了刚刚从国外留学回来的赵某填补肖某的职位。赵某在入职后，认为肖某原来聘用的员工很多资质比较低，因此，便开始大范围地裁减人员，只要是非重点大学的员工都被裁减了。对此，该部门的员工进行了抗议，认为他们与公司的劳动合同期限还未届满，赵某不能与他们解除劳动合同。而赵某认为，这些劳动合同是肖某任职时签订的，现在肖某已经辞职了，这些劳动合同也就无须再继续履行了。

法律疑点

用人单位更换负责人是否影响劳动合同的履行？

法律分析

用人单位更换负责人并不会影响劳动合同的履行。

根据我国《劳动合同法》第三十三条的规定，用人单位变更名称、法定代表人、主要负责人或者投资人等事项，不影响劳动合同的履行。由此可知，在工作中，用人单位的主要负责人等事项变更，员工与该单位签订的劳动合同仍然按照原合同的内容履行。也就是说，不能因为单位负责人的更换而不履行与员工签订的劳动合同。无论用人单位的主要负责人发生几次变化，只要不符合用人单位单方解除劳动合同的条件，用人单位就不能随意变更或者解除劳动合同。

用人单位和劳动者之间的劳动合同受到法律保护，双方应该严格按照法律的规定履行合同义务，用人单位不得以变更负责人等理由限制或者停止劳动合同的履行。法律之所以作出这样的规定，是为了使劳动者的合法权益受到保护。否则，一旦允许劳动合同可以因用人单位的主要负责人、投资人、法定代表人等事项发生变更而变更，则会导致劳动者的工作处于非常不稳定的状态。

在上面的案例中，虽然化妆品公司更换了部门经理，但是，该公司原来的部门经理肖某任职时与所聘用的员工签订的劳动合同是不受任何影响的。即便赵某认为该部门的部分员工资质不高，其也不能变更劳动合同的内容，更不能在劳动合同期限届满前以此为由与员工解除劳动合同。赵某的行为虽然是为了维护公司的利益，但是，如果确实需要裁减人员，赵某也应当按照法律规定的程序，在提前一个月告知劳动者，并支付劳动者一定经济补偿后再予以解除，而不能直接通知员工与其解除劳动合同。因此，赵某的行为是不符合法律规定的。

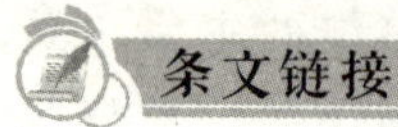

条文链接

《中华人民共和国劳动合同法》

第三十三条 用人单位变更名称、法定代表人、主要负责人或者投资人等事项，不影响劳动合同的履行。

职场人生

在我们的实际工作中，用人单位出于提高经济效益等目的，变更单位的名称、法定代表人、主要负责人等事项是很常见的。但是，需要我们劳动者注意的是，不管用人单位的主要负责人等事项如何变更，都不影响与用人单位签订的劳动合同的履行。因此，在用人单位以此为由与劳动者变更或解除劳动合同时，劳动者应当提出异议，或者向劳动行政部门提出控诉，也可以向劳动仲裁委员会申请劳动仲裁。

11. 什么情况下可以变更劳动合同？

职场在线

向某是某软件开发公司的员工，自从大学毕业后便一直在该公司就职。当时，向某在与该软件开发公司签订的劳动合同中约定，如果向某每月完成一定的任务，那么，就会有1000元的提成。但是，后来公司进行改革，为了提高企业的经济效益，公司经过开会决定，每个担任软件开发的员工按照完成软件的数量进行提成，即开发的软件越多，其提成越高。因此，该公司准备变更与向某的劳动合同。公司在向其说明之后，向某认为这项规定对自己非常有利，但是，向某想到自己曾经听朋友说，用人单位不能随意变更劳动合同，所以，向某并不清楚他是否可以与用人单位变更劳动合同。

法律疑点

什么情况下可以变更劳动合同？

法律分析

为了保障用人单位和劳动者的利益，在劳动合同签订以后，双方应该按照合同约定履行彼此的义务，不得擅自单方更改。

依据我国《劳动合同法》第三十五条规定，“用人单位与劳动者协商一致，可以变更劳动合同约定的内容。变更劳动合同，应当采用书面形式。变更后的劳动合同文本由用人单位和劳动者各执一份。”据此可知，在劳动者与用人单位协商一致的情况下，用人单位可以变更劳动合同的内容。但是，劳动合同的变更有形式的要求，即用人单位必须采用书面形式变更双方之间劳动合同的内容，而不能只是进行口头变更。

劳动合同的签订是用人单位与劳动者协商一致的结果，其所注重的是当事人意思自治。而在实际的工作中，随着时间的变化，因企业改革等方面的原因，用人单位与员工之间的劳动合同的内容会有所变化，如员工工资、福利待遇等。在这些关于劳动合同的内容发生变化时，如果用人单位与劳动者达成一致，那么劳动合同的内容是可以变更的。但是，劳动合同内容的变更不是随意进行的，法律规定，双方变更劳动合同的内容必须采用书面形式。这不但有利于保护劳动者的合法权益，也能够在一定程度上提高企业的经济效益。

在上面的案例中，软件开发公司为提高企业的经济效益，对员工的提成的计算方法进行变更。在与向某协商后，向某同意软件开发公司对劳动合同的变更。因此，软件开发公司可以以书面形式与向某变更劳动合同。在劳动合同变更后，变更后的劳动合同文本由用人单位和劳动者各执一份。

条文链接

《中华人民共和国劳动合同法》

第三十五条　用人单位与劳动者协商一致，可以变更劳动合同约定的内容。变更劳动合同，应当采用书面形式。

变更后的劳动合同文本由用人单位和劳动者各执一份。

职场人生

一般而言，劳动合同签订以后，用人单位或者劳动者不得随意变更。但是，需要劳动者注意的是，劳动合同在签订后，并不是不可以变更的。在双方协商一致的情况下，是可以对劳动合同的内容进行变更的。但是，需要注意的是，不管是劳动者还是企业，都不能利用此项权利随意变更劳动合同。另外，劳动合同的内容变更之后，劳动者需要自己保存一份变更后的劳动合同文本，以保障自己的合法权益。

第二章

约定试用期或服务期

12. 用人单位将试用期定为一年的行为是否合法?

职场在线

小梅是某学校的研究生，毕业后，其应聘到当地的某股份有限公司从事策划工作。但是，在签订劳动合同时，小梅看到自己的劳动合同期限只有两年，而试用期就有一年，觉得合同规定的试用期时间太长，便向公司询问原因。该公司称，由于小梅没有任何经验，需要对她进行专门的指导培训，因此，她的试用期至少是一年。对此，小梅觉得非常不合理，认为一年的试用期对自己来说非常不公平。但是，公司却说，他们一直是按照这个规定执行的。于是，小梅便向自己正在做律师的表哥进行咨询，以确定公司是否可以设定一年的试用期。后来，小梅的表哥告诉她，用人单位设定的试用期最长是六个月。

法律疑点

用人单位将试用期定为一年的行为是否合法?

法律分析

用人单位将试用期定为一年的行为是不符合法律规定的。

我国《劳动法》第二十一条规定："试用期最长不得超过六个月。"《劳动合同法》第十九条又进一步进行了详细的规定：劳动合同期限三个月以上不满一年的，试用期不得超过一个月；劳动合同期限一年以上不满三年的，试用期不得超过二个月；三年以上固定期限和无固定期限的劳动合同，试用期不得超过六个月。由此可知，我国法律规定的试用期最长为六个月。

试用期是指用人单位和劳动者双方相互了解、确定对方是否符合自己的招聘条件或求职条件而约定的考察期。对用人单位而言，试用期就是供用人单位考察劳动者是否适合其工作岗位的一项制度，给企业考察劳动者是否与录用要求相一致的时间，避免用人单位遭受不必要的损失。对劳动者而言，在劳动合同中约定试用期，可以维护新招收职工的利益，使被录用的职工有时间考察了解用人单位的工作内容、劳动条件、劳动报酬等是否符合劳动合同的规定。在劳动合同中规定试用期，既是订立劳动合同双方当事人的权利与义务，同时也为劳动合同其他条款的履行提供了保障。法律对试用期进行限定，是为了避免企业滥用试用期而损害劳动者的合法权益。

在本案中，小梅与用人单位签订的劳动合同期限为两年。根据上述法律的规定，劳动合同期限一年以上不满三年的，试用期不得超过两个月。因此，用人单位给小梅设定的试用期最长可以为两个月。该公司以小梅没有工作经验为由延长试用期至一年的做法是错误的。

条文链接

《中华人民共和国劳动合同法》

第十九条第一款 劳动合同期限三个月以上不满一年的，试用期不得超过一个月；劳动合同期限一年以上不满三年的，试用期不得超过二个月；三年以上固定期限和无固定期限的劳动合同，试用期不得超过六个月。

《中华人民共和国劳动法》

第二十一条 劳动合同可以约定试用期。试用期最长不得超过六个月。

职场人生

试用期适用于初次就业和再次就业时改变劳动岗位或工种的劳动者，需要劳动者注意，试用期应包括在劳动合同期限内。六个月是试用期的上限，即不论什么工作岗位的试用期都不得超过六个月。不同行业、工种可以根据自身工作性质在此范围内对试用期作具体规定。试用期结束后，对符合要求、适应生产经营需要的劳动者，应当转为正式职工，享受正式职工的待遇。

13. 对于劳动合同期限不满三个月的员工，用人单位可以约定试用期吗？

职场在线

小宁是某高校大一的学生，暑假期间，小宁觉得自己有两个月的空闲时间，在家也没有其他事情可做。于是，她便决定去打工。在亲戚的介绍下，小宁在某百货公司找到了一份售货员的工作。小宁对百货公司所给出的工资非常满意。因此，便准备与百货公司签订劳动合同。但在签订劳动合同时，小宁看到合同上面居然还写着有一个月的试用期。对此，小宁认为自己本身的工作时间只有两个月，而试用期就一个月，觉得不太合理。而百货公司却称，不管公司员工的工作期限是多长时间，都必须有至少一个月的试用期，还说这是法律的规定。最后，小宁便与百货公司签订了为期两个月的劳动合同。

法律疑点

对于劳动合同期限不满三个月的员工，用人单位可以约定试用期吗？

法律分析

劳动合同期限不满三个月的，用人单位不能与劳动者约定试用期。

根据《劳动合同法》第十九条第三款规定："以完成一定工作任务为期限的劳动合同或者劳动合同期限不满三个月的，不得约定试用期。"由此可知，下列两种劳动合同中是不能约定试用期的：（1）以完成一定工作任务为期限的劳动合同；（2）劳动合同期限不满三个月的。因此，只有劳动合同期限在三个月以上的，用人单位才能在劳动合同中设定试用期。在劳动合同的期限不满三个月时，用人单位是不能与劳动者约定试用期的。

试用期是为了使用人单位与劳动者之间彼此进行了解，以使劳动者确定该工作是否适合自己以及使用人单位确定劳动者是否符合自己的招聘要求的一种制度。因此，对于劳动合同期限比较短的，是无须约定试用期的。一方面是因为，很多工作不需要试用期，劳动者就能胜任。另一方面，劳动合同期限在三个月以下，期限比较短，如果用人单位认为劳动者不能胜任工作，或者劳动者认为自己不适合这份工作，在劳动合同期限届满时，提出解除劳动合同即可，无须约定试用期。法律之所以作出这样的规定，是为了避免用人单位恶意使用试用期，实现劳动关系的平等性，降低劳动者的经济负担。

在上面的案例中，由于小宁与百货公司只签订了两个月期限的劳动合同，根据法律规定，劳动合同期限不满三个月的，不得约定试用期。因此，百货公司不能在劳动合同中为小宁设定试用期。案例中百货公司的说法是错误的，并不是任何劳动期限的合同都是需要约定试用期的，小宁在遇到此种情况时，应当进行相关的咨询，而不能只听百货公司的说辞。

条文链接

《中华人民共和国劳动合同法》

第十九条第三款　以完成一定工作任务为期限的劳动合同或者劳动合同期限不满三个月的，不得约定试用期。

职场人生

劳动合同期限不满三个月的，不得约定试用期。也就是说，固定期限劳动合同能够约定试用期的最低起点是三个月。在实践中，很多用人单位在劳动合同期限不满三个月的情况下仍然与劳动者约定试用期限。劳动者在遇到此种情况时，应当对用人单位的做法予以拒绝，不能因为劳动合同期限短就对用人单位的做法听之任之。

14. 用人单位可以对同一劳动者多次约定试用期吗？

职场在线

杨某大学毕业后在某保险公司的销售部找了一份工作，并与保险公司签订了为期两年的劳动合同，约定试用期为一个月。在一个月的试用期结束后，杨某以为自己马上就要转正。而此时该公司的经理却通知杨某，称他在第一个月的业绩并不是非常突出，不太适合销售岗位，而比较适合行政部门。于是，该公司便与杨某进行协商，询问其是否愿意进入公司的行政部门工作，杨某对此表示同意。但是，该公司以更换了工作岗位为由，还要与杨某约定一个月的试用期。杨某在收到通知后，觉得公司这样做是不合法的。因为自己曾听说，用人单位只能与员工约定一次试用期。所以，杨某便向公司提出异议，而保险公司却说，虽然杨某的工作单位没有变，但是，他的工作岗位变了，领导也不是同一人，因而必须再次约定试用期。

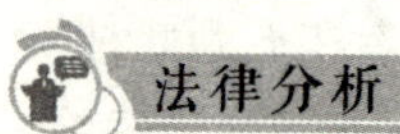

法律疑点

用人单位可以对同一劳动者多次约定试用期吗？

法律分析

用人单位不能对同一劳动者多次约定试用期。

用人单位在录用劳动者时，对其基本情况应该在试用期内进行较为全面的掌握，不能以任何理由而重新约定试用期。对此，我国《劳动合同法》第十九条有明确规定："同一用人单位与同一劳动者只能约定一次试用期。"由此可知，劳动合同不论发生何种变化，均不能再次约定试用期，更不得以任何理由延长试用期限。

有的劳动者在同一用人单位往往被不止一次约定试用期，换一个岗位约定一次试用期，完全扭曲了试用期的性质。试用期是指用人单位对新招收的职工进行思想品德、劳动态度、实际工作能力、身体情况等进行进一步考察的时间期限。而这些情况在试用期内用人单位就已经了解清楚，无须再约定试用期考察劳动者。因而，用人单位反复约定试用期属于侵害劳动者合法权益的行为，应予以禁止。

在上面的案例中，用人单位不能与杨某再次约定试用期，因为试用期只能约定一次。如果保险公司认为杨某不能胜任此份工作，其可以在试用期届满后与他解除劳动合同，而不能以杨某更换工作岗位为由再次约定试用期。所以，保险公司的行为是不符合法律规定的。对此，杨某应当予以拒绝，也可以向有关部门进行投诉。

条文链接

《中华人民共和国劳动合同法》

第十九条第二款 同一用人单位与同一劳动者只能约定一次试用期。

职场人生

在用工过程中，用人单位滥用试用期侵犯劳动者权益的现象比较普遍，包括什么样的劳动岗位需要约定试用期，约定多长的试用期，以什么作为参照设定试用期等，实践中比较混乱。需要劳动者注意的是，不管什么样的工作岗位，同一用人单位与劳动者只能约定一次试用期。任何延长试用期或者变相多次约定试用期的行为都是违法的。劳动者在面对此种情况时，一方面，可以向有关部门进行投诉；另一方面，如果因此与用人单位发生争议，可以向劳动仲裁委员会申请劳动仲裁。

15. 用人单位可以与非全日制的劳动者约定试用期吗？

职场在线

章女士是某服装厂的员工，原本其

生活非常富裕。然而，由于最近章女士的丈夫在一次车祸中意外身亡，家里所有的经济负担都落到了她一个人的身上。章女士不仅要照顾自己的孩子，还要照顾老人，而且其女儿马上就要上大学了，需要一笔开支，因而章女士不得不利用下班时间到某酒店去做清洁工，以便有更多的收入。酒店每天的工作时间为晚上 7 点到 10 点。在章女士工作的第一天，该酒店的后勤部门负责人担心其不能胜任这份工作，因此，便在劳动合同中约定了半个月的试用期。在听到酒店的要求之后，章女士认为非全日制用工约定试用期虽然有些不合理，但是该酒店的工资非常高，为了维持生计，便答应了该酒店的要求。

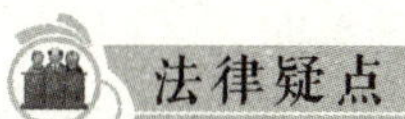

法律疑点

用人单位可以与非全日制的劳动者约定试用期吗?

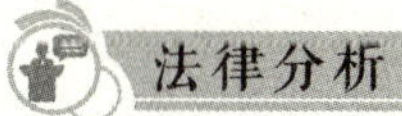

法律分析

用人单位是不能与非全日制的劳动者约定试用期的。

用人单位与非全日制的劳动者约定试用期的行为是违法的。对此，《劳动合同法》第七十条规定：“非全日制用工双方当事人不得约定试用期。”由此可见，在现实生活中，如果劳动者是非全日制员工，则用人单位是不能与其约定试用期的。否则，用人单位的行为则是违法的。

非全日制用工本来就属于灵活用工形式，劳动关系的不确定性比全日制用工要大，而且非全日制劳动者的收入也往往低于全日制职工，如果允许用人单位与非全日制劳动者约定试用期，就会导致非全日制劳动者的工作处于更加不稳定的状态。所以，为了避免部分用人单位滥用试用期侵犯劳动者的合法权益，法律通过严格控制试用期来加强对非全日制劳动者的保护。

在上面的案例中，章女士在酒店做清洁工工作，其每天的工作时间为三个小时。因此，章女士属于酒店的非全日制劳动者。而根据《劳动合同法》第七十条的规定，非全日制用工是不需要约定试用期的。因此，该酒店以担心章女士不能胜任此项工作为由，与其约定半个月试用期的做法是不合法的。章女士在面对酒店的此种行为时，应当提出异议，不能因为酒店的薪资待遇高就对该违法行为听之任之。

条文链接

《中华人民共和国劳动合同法》

第七十条　非全日制用工双方当事人不得约定试用期。

职场人生

现实生活中，非全日制用工的形式非常常见。但是，随着这种用工形式的增多，再加上部分劳动者法律意识淡薄，用人单位侵犯非全日制劳动者合法权益的现象也在增加，如案例中的用人单位随意与非全日制劳动者约定试用期等，在实际生活中就是经常发生的。而很多非全日制劳动者在面对用人单位的此种行为时，都是遵从用人单位的做法，并不予以反驳。但是，根据法律的规定，用人单位是不能为非全日制劳动者设定试用期的。劳动者在求职的过程中要注意保护好自己的权利。

16. 用人单位可以在试用期结束后再与劳动者签订劳动合同吗？

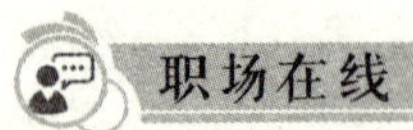

职场在线

郑某是某大学汉语言文学专业的研究生，毕业后，其经过激烈的竞争，成功应聘到某市的杂志社工作。在郑某被某杂志社录取后，杂志社告诉郑某他的试用期为三个月。随后郑某在杂志社开始工作，然而，一个月过去了，杂志社一直没有与他签订劳动合同。为此，郑某便向杂志社询问情况。而杂志社的工作人员告诉他，只有在三个月的试用期结束后，他们才能与郑某签订劳动合同。在听到杂志社的回答后，郑某认为杂志社签订合同的时间太晚了，而且这样也不利于保护自己权益。因此，郑某便向杂志社提出签订劳动合同，而杂志社却予以拒绝。

法律疑点

用人单位可以在试用期结束后再与劳动者签订劳动合同吗？

法律分析

用人单位不能在试用期结束后再与劳动者签订劳动合同。

根据《劳动合同法》第十条的规定，已建立劳动关系，未同时订立书面劳动合同的，应当自用工之日起一个月内订立书面劳动合同。第十九条规定，试用期包含在劳动合同期限内。在试用期内，劳动者享有在劳动合同期限内享有的权利。由此可知，用人单位应当在试用期前或者试用期内就与劳动者签订劳动合同。此外，根据该法第八十二条的规定，如果用人单位超过一个月未与劳动者订立劳动合同，则要承担一定的责任。

在劳动合同中约定试用期，一方面，可以维护用人单位的利益，以便为每个工作岗位找到合适的劳动者。试用期就是供用人单位考察劳动者是否适合其工作岗位的一项制度，给企业考察劳动者是否与录用要求相一致的时间，避免用人单位遭受不必要的损失。另一方面，可以维护新招收职工的利益，使被录用的职工有时间考察了解用人单位的工作内容、劳动条件、劳动报酬等是否符合劳动合同的规定。在劳动合同中规定试用期，既是订立劳动合同双方当事人的权利与义务，同时也为劳动合同其他条款的履行提供了保障。

在上面的案例中，杂志社应当在郑某入职后马上与其签订劳动合同，其表示要在郑某试用期结束后再签订劳动合同的做法是违法的。如果杂志社在试用期结束后才和郑某订立劳动合同，郑某可以要求杂志社支付自用工之日起超过一个月不满一年的每月两倍的工资。

条文链接

《中华人民共和国劳动合同法》

第十条　建立劳动关系，应当订立书面劳动合同。

已建立劳动关系，未同时订立书面劳动合同的，应当自用工之日起一个月内订立书面劳动合同。

用人单位与劳动者在用工前订立劳动合同的，劳动关系自用工之日起建立。

第十九条　劳动合同期限三个月以上不满一年的，试用期不得超过一个月；劳动合同期限一年以上不满三年的，试用期不得超过二个月；三年以上固定期限和无固定期限的劳动合同，试用期不得超过六个月。

同一用人单位与同一劳动者只能约定一次试用期。

以完成一定工作任务为期限的劳动合同或者劳动合同期限不满三个月的，不得约定试用期。

试用期包含在劳动合同期限内。劳动合同仅约定试用期的，试用期不成立，该期限为劳动合同期限。

第八十二条　用人单位自用工之日起超过一个月不满一年未与劳动者订立书面劳动合同的，应当向劳动者每月支付二倍的工资。

用人单位违反本法规定不与劳动者订立无固定期限劳动合同的，自应当订立无固定期限劳动合同之日起向劳动者每月支付二倍的工资。

职场人生

在实际工作中，有的用人单位为了减轻用工成本，经常在试用期结束后才和劳动者签订劳动合同。对此，劳动者一定要明确，此种做法是违反法律规定的。为了保障自己的合法权益，在入职后，劳动者应当要求马上与用人单位签订劳动合同，从而使自己的工作得到保障。

17. 劳动者在试用期内未完成工作任务的，是否可以要求用人单位支付工资？

职场在线

陈某是某学校的大学生，在毕业后，由于一直找不到合适的工作，无奈之下，陈某只能到某市一个房地产公司的销售部工作。在应聘成功后，该房地产公司与陈某签订了为期两年的劳动合同，并约定了一个月的试用期。同时，还约定陈某必须在试用期内卖出两套房子，否则，就不能拿到试用期内的工资。陈某在听到公司的要求之后，觉得并不合理，认为即便自己完不成试用期内的任务额度，房地产公司也应当支付工资。可是，该公司销售部的经理却说，如果陈某觉得不合理，可以另谋高就，这一直是他们行业内不成文的规定。无奈之下，陈某答应了房地产公司的要求。然而，在试用期结束时，陈某只卖出了一套房子，并未完成规定的任务。因此，房地产公司并未支付陈某在试用期内的工资。

法律疑点

劳动者在试用期内未完成工作任务的，是否可以要求用人单位支付工资？

法律分析

劳动者在试用期内未完成工作任务的，可以要求用人单位支付工资。

我国《劳动合同法》第二十条和《劳动合同法实施条例》第十五条规定：“劳动者在试用期的工资不得低于本单位相同岗位最低档工资或者劳动合同约定工资的百分之八十，并不得低于用人单位所在地的最低工资标准。”由此可知，劳动者在试用期内有权获得工资，且该工资标准存在三个最低限度的保障：（1）不能低于本单位相同岗位的最低档工资；（2）不能低于约定的试用期过后转正工资的百分之八十；（3）不得低于当地的最低工资标准。低于这些标准的试用期工资约定，都是无效的。

任何行业的劳动者在试用期内都有权要求用人单位支付工资，用人单位更不能以劳动者未完成试用期内的任务为由拒绝支付劳动者工资。而且，对于劳动者试用期内的工资，法律作出了相关的规定，这是为了保护劳动者在试用期内获得劳动报酬的权利，避免部分用人单位在试用期内剥夺劳动者的劳动力，损害劳动者的合法权益，从而维护在试用期内劳资双方地位的平等性。

在上面的案例中，房地产公司的做法是错误的，其不能以陈某未完成试用期内的工作任务为由拒绝支付工资。即便陈某未完成工作任务，房地产公司也应当支付给陈某不得低于本单位相同岗位最低档工资或者劳动合同约定工资的百分之八十，并不得低于用人单位所在地的最低工资标准。

条文链接

《中华人民共和国劳动合同法》

第二十条 劳动者在试用期的工资不得低于本单位相同岗位最低档工资或者劳动合同约定工资的百分之八十，并不得低于用人单位所在地的最低工资标准。

《中华人民共和国劳动合同法实施条例》

第十五条 劳动者在试用期的工资不得低于本单位相同岗位最低档工资的80％或者不得低于劳动合同约定工资的80％，并不得低于用人单位所在地的最低工资标准。

职场人生

在职场中，有的用人单位经常会在试用期内不按规定支付劳动者工资或者是支付给劳动者的工资过低，用人单位的这些行为都是违反法律规定的。作为一名劳动者，我们要有保护自己在试用期内的合法权利的意识。在试用期内，用人单位不能以未完成工作任务为由而拒绝支付工资。在面对此种情形时，我们不能沉默，可以向劳动行政部门举报，让劳动行政部门纠正用人单位的行为，也可以向劳动仲裁委员会申请劳动仲裁，以维护自己在劳动中获得报酬的权利。

18. 用人单位可以与试用期内不合格的劳动者解除劳动合同吗？

职场在线

2018年4月，项某从国外回到北京找工作。由于项某有国外留学的经历，因此，很多公司都向他伸出了橄榄枝。后来，项某选择了到北京的某电子科技股份有限公司做部门经理。在入职后，该公司与项某签订了为期三年的劳动合同，并约定了两个月的试用期。然而，在项某工作之后，该公司的领导发现，项某并不具有实际工作能力，其只是知道书本上的知识，但并不能用于实践，而且对很多工作都不能按时完成，工作不仅质量差，而且效率低。于是，在试用期结束后，该公司决定解除与项某的劳动合同。对此，项某认为，公司不能单方解除与自己的劳动合同。否则，就是违法的。

法律疑点

用人单位可以与试用期内不合格的劳动者解除劳动合同吗？

法律分析

对于在试用期内不合格的劳动者，用人单位可以与其解除劳动合同。

我国《劳动合同法》第三十九条明确规定，劳动者在试用期间被证明不符合录用条件的，用人单位可以解除劳动合同。由此可见，如果劳动者在试用期内，用人单位认为劳动者并不适合自己所应聘的岗位，不符合录用条件，那么，用人单位是有权单方解除与劳动者签订的劳动合同的。这是法律所赋予的用人单位在试用期内选择劳动者的权利。

劳动者初到一家用人单位，用人单位会与其约定一定期限的试用期。约定试用期，是为了使劳动者与用人单位在充分了解后，在平等、自愿基础上签订劳动合同。劳动合同一般会约定劳动者与用人单位在很长一段时期内的劳动合同关系，如果不是经过深思熟虑而盲目地签订合同，结果可能就会产生劳动争议。因此，在劳动合同中约定试用期对双方都是有利的，但试用期间的劳动关系与一般意义上的劳动关系是不同的，即用人单位和劳动者在此期间都可以单方解除合同，试用期就是基于劳动者与用人单位相互考核的目的而存在。

在上面的案例中，因为项某在试用

期内不能按时按量地完成工作，证明其并不具备某公司的录用条件。所以，在试用期结束后，用人单位是可以解除劳动合同的。因此，上述案例中用人单位的做法是符合法律规定的，项某认为用人单位在试用期结束后不能单方解除劳动合同的想法是错误的。

条文链接

《中华人民共和国劳动合同法》

第三十九条 劳动者有下列情形之一的，用人单位可以解除劳动合同：

（一）在试用期间被证明不符合录用条件的；

……

职场人生

在职场中，虽然法律的天平会倾向于劳动者一端。但是，法律并不是在任何情况下都侧重于保护劳动者的利益，其也必须同时保护用人单位的合法权益，平衡企业的利益。在劳动合同中约定试用期，既能够使劳动者对用人单位是否符合自己的要求有了解的机会，又可以给用人单位考察劳动者是否与录用要求相一致的时间，以便为每个工作岗位找到合适的劳动者。因此，在试用期内，当劳动者不适合此份工作时，用人单位是可以依法解除劳动合同的。对此，劳动者应当明了，当自己在试用期内被单位证明不符合录用条件时，用人单位完全可以单方解除劳动合同，并不需要征求劳动者的同意。

19. 劳动者在试用期内解除合同的，需要提前多长时间通知用人单位？

职场在线

夏某原来是某私有企业的一名职工，后来，该私有企业倒闭。于是，夏某便又在当地的一个食品公司找到了一份工作。在应聘成功之后，该食品公司与夏某签订了为期三年的劳动合同，并约定了一个月的试用期。可是，就在夏某入职两个星期后，夏某的丈夫在外地出差时因发生交通事故而死亡。在丈夫去世后，夏某非常伤心，在国外定居的儿子准备将夏某接到国外生活。于是，夏某便准备向现在的公司辞职。夏某的儿子准备在一个星期后启程，可是，夏某仍然在试用期内，其并不知道自己应当提前多久向公司提出解除劳动合同，担心自己不能按照规定向公司提出辞职。

法律疑点

劳动者在试用期内解除合同的，需要提前多长时间通知用人单位？

法律分析

劳动者在试用期内单方解除劳动合同需要提前三天通知用人单位。

我国《劳动合同法》第三十七条规定，劳动者在试用期内提前三日通知用人单位，可以解除劳动合同。此外，根据《劳动合同法实施条例》第十八条第三项的规定，依照劳动合同法规定的条件、程序，劳动者可以与用人单位解除固定期限劳动合同、无固定期限劳动合同或者以完成一定工作任务为期限的劳动合同，劳动者在试用期内提前3日通知用人单位。据此可知，劳动者在试用期内准备向用人单位辞职的，其应当提前三天通知用人单位。

劳动者辞职应依照劳动合同法规定的条件、程序，解除与单位的劳动合同，用人单位也应按照劳动合同法规定的条件、程序给劳动者办理离职手续。法律允许劳动者在试用期内单方解除劳动合同，但是，劳动者解除劳动合同需要提前通知用人单位，法律对此作出了严格的时间规定。这样的规定，一方面是为了保护试用期劳动者快速离职的权益，同时也为用人单位留出了招聘新人的时间。

在上面的案例中，夏某准备辞职，根据上述法律的规定，由于其仍然在试用期内，因此，夏某只需提前三天通知用人单位即可。其在向公司提出辞职申请，三天之后便可以离开公司。公司应当按照规定为劳动者办理离职手续。

条文链接

《中华人民共和国劳动合同法》

第三十七条　劳动者提前三十日以书面形式通知用人单位，可以解除劳动合同。劳动者在试用期内提前三日通知用人单位，可以解除劳动合同。

《中华人民共和国劳动合同法实施条例》

第十八条　有下列情形之一的，依照劳动合同法规定的条件、程序，劳动者可以与用人单位解除固定期限劳动合同、无固定期限劳动合同或者以完成一定工作任务为期限的劳动合同：

……

（三）劳动者在试用期内提前3日通知用人单位的；

……

职场人生

在实际的工作中，劳动者在认为自己的工作不适合时，可以向用人单位提出辞职。但是，劳动者在辞职前，应当按照法律规定的程序，提前通知用人单位，以给用人单位一定的准备。对于劳动者单方解除劳动合同的时间限制，需要劳动者明确的是，在试用期内的劳动者与转正之后的劳动者申请离职的时间限制是不同的，试用期内的劳动者单方解除劳动合同，提前三天通知用人单位即可。

20. 劳动合同期限已满，而服务期尚未届至的，劳动者是否可以单方解除劳动合同？

职场在线

温某是某服装公司的设计师，其在入职时与该公司签订了为期三年的劳动合同。在劳动合同期限即将届满时，该公司认为温某在服装设计方面非常有天赋，因此，准备派温某到国外进修一年，等回来之后准备请她接替设计部总监的职务。同时，该公司与温某约定了五年的服务期。但是，在温某进修回国，其与原服装公司的三年劳动合同期限届满后，又有另一家服装公司以高薪聘请温某。为此，温某向原来的服装公司提出辞职。但是，原服装公司认为，虽然温某的劳动合同期限已经届满，但是，她还有两年的服务期。因此，公司称温某在服务期限届满之后才能辞职，否则，温某要承担对公司的违约责任。

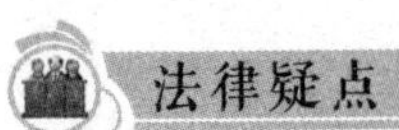

法律疑点

劳动合同期限已满，而服务期尚未届至的，劳动者是否可以单方解除劳动合同?

法律分析

我国《劳动合同法》第二十二条第一款规定，用人单位为劳动者提供专项培训费用，对其进行专业技术培训的，可以与该劳动者订立协议，约定服务期。此外，《劳动合同法实施条例》第十七条也规定，劳动合同期满，服务期尚未到期的，劳动合同应当续延至服务期满。由此可见，劳动合同期限已满，而服务期尚未届至的，劳动者不能单方解除劳动合同。否则，要承担相应的违约责任，支付不超过用人单位提供的培训费用数额的违约金。

服务期是用人单位以给予一定培训费用为代价，要求接受培训的员工为用人单位提供相应服务的约定。法律之所以作出如此规定，是因为用人单位提供培训费用和机会为员工进行培训，目的是希望员工可以利用所学到的技能为公司服务，以提高企业的经济效益。这在一定程度上避免了员工在学到技能后马上辞职，保护了企业的合法权益，避免人才的流失。

在上面的案例中，温某作为原服装公司的员工，其在进修之前与公司签订了五年的服务协议。因此，在进修回来之后，即使劳动合同期限届满，温某也应在服务期满后再辞职，将劳动合同期限延长至服务期满。

条文链接

《中华人民共和国劳动合同法》

第二十二条第一款 用人单位为劳动者提供专项培训费用，对其进行专业技术培训的，可以与该劳动者订立协议，约定服务期。

《中华人民共和国劳动合同法实施条例》

第十七条 劳动合同期满，但是用人单位与劳动者依照劳动合同法第二十二条的规定约定的服务期尚未到期的，劳动合同应当续延至服务期满；双方另有约定的，从其约定。

职场人生

劳动合同期限不同于服务期，劳动

合同期限是劳动合同法规定的劳动合同必备条款，服务期则不是劳动合同必备条款。服务期不一定与劳动合同期限一致，服务期可能短于劳动合同期限，也可能等于或长于劳动合同期限。劳动者需要注意，如果服务期短于劳动合同期限，并不会影响双方原来劳动合同的履行。如果服务期长于劳动合同期限，劳动合同期满而服务期尚未到期的，劳动合同应当续延至服务期满。也就是说，我们要优先适用服务期约定。当然，双方当事人也可以另行约定，如约定即便服务期长于劳动合同期限，也以劳动合同期限为准。

21. 劳动者因公司未及时足额发放工资在服务期内辞职的，是否需要承担违约责任？

职场在线

何某是某建筑公司的工程师，其在入职时与公司签订了为期三年的劳动合同。当时因为公司要对他们新入职的员工进行专门的职业培训。因此，在签订劳动合同时，公司便要求他们签订了一份为期五年的服务协议。然而，在何某开始工作后，该建筑公司一直都不按时给何某发放工资。一次，该公司拖欠了何某将近半年的工资。在何某向公司索要工资时，该公司却一直以各种理由进行推托，称公司的资金无法周转。后来，由于建筑公司一直不按时发放工资，何某便向公司提出辞职。但是，该建筑公司却以何某的服务期未满为由，要求其承担违约责任。

法律疑点

劳动者因公司未及时足额发放工资在服务期内辞职的，是否需要承担违约责任？

法律分析

劳动者因公司未及时足额发放工资在服务期内辞职的，不需要承担违约责任。

我国《劳动合同法》第三十八条第二项规定，在用人单位出现未及时足额支付劳动报酬等情况时，劳动者可以解除劳动合同。此外，根据《劳动合同法实施条例》第二十六条第一款的规定，用人单位与劳动者约定了服务期，劳动者依照劳动合同法第三十八条的规定解除劳动合同的，不属于违反服务期的约定，用人单位不得要求劳动者支付违约金。

法律之所以规定当出现《劳动合同法》第三十八条规定的情形时，劳动者在服务期内解除劳动合同不需要承担违约责任，是因为这些情形都是用人单位违反规定造成了劳动者合法权益的损害。在这些情形下，法律赋予了劳动者随时解除劳动合同的权利，有利于保护劳动者的合法权益，同时也督促用人单位按照约定履行劳动合同。

在上面的案例中，何某虽然与建筑公司签订了服务协议，但是，由于建筑公司未及时给何某发放工资。建筑公司的行为属于《劳动合同法》第三十八条第二项的规定，因此，劳动者可以解除劳动合同。所以，即便何某在服务期内解除劳动合同，建筑公司也不能要求何某支付违约金，建筑公司要求其支付违约金的行为是错误的。

条文链接

《中华人民共和国劳动合同法》

第三十八条 用人单位有下列情形之一的，劳动者可以解除劳动合同：

（一）未按照劳动合同约定提供劳动保护或者劳动条件的；

（二）未及时足额支付劳动报酬的；

（三）未依法为劳动者缴纳社会保险费的；

（四）用人单位的规章制度违反法律、法规的规定，损害劳动者权益的；

（五）因本法第二十六条第一款规定的情形致使劳动合同无效的；

（六）法律、行政法规规定劳动者可以解除劳动合同的其他情形。

用人单位以暴力、威胁或者非法限制人身自由的手段强迫劳动者劳动的，或者用人单位违章指挥、强令冒险作业危及劳动者人身安全的，劳动者可以立即解除劳动合同，不需事先告知用人单位。

《中华人民共和国劳动合同法实施条例》

第二十六条第一款 用人单位与劳动者约定了服务期，劳动者依照劳动合同法第三十八条的规定解除劳动合同的，不属于违反服务期的约定，用人单位不得要求劳动者支付违约金。

职场人生

在实际工作中，服务期是保护企业的合法权益的。需要明确的是，一般情况下，劳动者如果在服务期内解除劳动合同，是要承担违约责任的。但是，如果劳动者解除劳动合同是由于用人单位损害劳动者的合法权益，那么，劳动者单方解除劳动合同就无须承担违约责任。

22. 劳动者因营私舞弊而在服务期内被解聘的，是否需要承担违约责任？

职场在线

路某是某学校计算机专业的学生，毕业后，路某在学校招聘会上看到某软件开发公司在招聘员工。在经过详细了解后，路某便到该公司应聘。经过层层选拔，路某最终被该公司录用。出于路某工作期间公司要对路某进行专门培训的考虑，因此，公司在与路某签订劳动合同的同时要求路某签订一份为期五年的服务协议。服务协议中约定，如果路某在服务期限内辞职，则要承担违约责任，支付给公司违约金。然而，在公司工作了两年之后，路某营私舞弊，将公司新开发的软件泄露给他人，给公司造成重大经济损失。为此，公司准备将路某开除，因服务期未满，公司要求路某承担违约责任。但是，路某认为，是公司主动与自己解除合同的，自己无须承担违约责任。

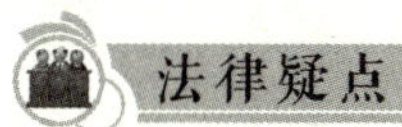

法律疑点

劳动者因营私舞弊而在服务期内被解聘的，是否需要承担违约责任？

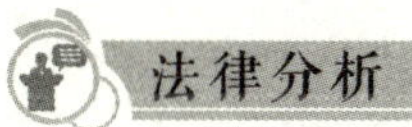

法律分析

劳动者因营私舞弊而在服务期内被解聘的，仍然需要按照合同约定承担违约责任，向用人单位支付违约金。

根据《劳动合同法实施条例》第二十六条第二款的规定，劳动者严重失职，营私舞弊，给用人单位造成重大损害的，用人单位与劳动者解除约定服务期的劳动合同的，劳动者应当按照劳动合同的约定向用人单位支付违约金。由此可知，在劳动者因营私舞弊而被用人单位解聘时，其依然需要按照合同约定承担违约责任。

通过上述法律规定可知，在用人单位因劳动者严重失职、营私舞弊等原因而解除劳动合同时，劳动者需要按照合同约定向用人单位支付违约金。法律作出这样的规定，是因为用人单位单方解除劳动合同，是劳动者的过错导致的，劳动者应当为自己的过错“买单”。因此，在劳动者出现重大过失，给用人单位造成重大损害时，应当赋予用人单位解除劳动合同的权利。这样规定有利于劳动者严格遵守用人单位的规章制度，积极工作，从而保护用人单位的合法权益。

在上面的案例中，路某在工作中利用职务之便，营私舞弊，将公司新开发的软件泄露给他人，给公司造成重大经济损失。因此，根据上述《劳动合同法实施条例》的相关规定，软件开发公司可以解除与路某的劳动合同。同时，由于路某的服务期限还未满五年，且软件公司解除劳动合同是由于路某的过错导致的。所以，路某需要按照合同约定承担违约责任，向软件开发公司支付一定的违约金。

条文链接

《中华人民共和国劳动合同法实施条例》

第二十六条第二款　有下列情形之一，用人单位与劳动者解除约定服务期的劳动合同的，劳动者应当按照劳动合同的约定向用人单位支付违约金：

……

（二）劳动者严重失职，营私舞弊，给用人单位造成重大损害的；

……

职场人生

在职场中，我们知道，因用人单位损害劳动者的合法权益而导致劳动者解除劳动合同的，即便在服务期内，劳动者也无须承担任何违约责任。相应地，需要劳动者明确的是，如果在服务期内，由于劳动者的严重失职给用人单位造成损害，即使是用人单位提出解除劳动合同，劳动者也要承担违约责任。因此，在工作中，劳动者需要认真遵守用人单位的各项规章制度，千万不能错误地认为，只要是用人单位单方提出解除劳动合同，劳动者就无须承担任何责任。

第三章

工资规定与发放

23. 同工同酬是什么？劳动者的工资是否应当按照同工同酬的标准执行？

职场在线

小梦一直对摄影非常感兴趣，在大学时，她也是专门学的摄影。大学毕业后，小梦便在某婚纱摄影公司找到了一份工作。入职后，婚纱摄影公司与小梦签订了为期两年的劳动合同，并约定每月工资5000元。但是，小梦在工作了一段时间后发现，与她一起进入该公司的另一名摄影师小强却每月有7000元的工资，对此，小梦觉得非常奇怪，认为两个人平时做的是一样的工作，两个人的工资却相差很多。于是，小梦便到公司的人事部门询问，而公司人事工作人员却称，因为小强是男生，平时做的工作比较多，所以，他的工资高。小梦在听到公司的解释后，认为男女平等，而且她也曾听说，劳动者的工资标准应该是同工同酬。

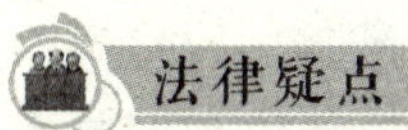

法律疑点

同工同酬是什么？劳动者的工资是否应当按照同工同酬的标准执行？

法律分析

劳动者的工资应当按照同工同酬的标准执行。

我国《劳动合同法》第十一条规定，用人单位未在用工的同时订立书面劳动合同，与劳动者约定的劳动报酬不明确的，新招用的劳动者的劳动报酬按照集体合同规定的标准执行；没有集体合同或者集体合同未规定的，实行同工同酬。由此可见，在上述法律规定中，基本上确立了同工同酬制度。换言之，用人单位在聘用劳动者，为劳动者发放工资时应当执行同工同酬的标准。用人单位不能因性别差异而使得相同岗位的员工有不同差别的待遇。

同工同酬是指用人单位对于技术和劳动熟练程度等各方面均相同的劳动者在从事同种工作时，不分性别等差别，只要提供相同的劳动，就应该获得相同的劳动报酬。法律作出这样的规定，是为了使用人单位在聘用员工时实现男女平等，以实现劳动者在工作中的地位平等。

上述案例中，婚纱摄影公司的做法是错误的。在该公司中，小梦和小强做的是同样的工作，因此，按照同工同酬的制度，公司应当支付给他们相同的工资。但是，该公司却以性别差异为由，支付给小强的工资比小梦多2000元，这对小梦来说是不公平的。所以，该公司应当让小梦享受与小强相同的工资待遇，而不能因为性别差异区别对待。

条文链接

《中华人民共和国劳动合同法》

第十一条 用人单位未在用工的同时订立书面劳动合同，与劳动者约定的劳动报酬不明确的，新招用的劳动者的劳动报酬按照集体合同规定的标准执行；没有集体合同或者集体合同未规定的，实行同工同酬。

职场人生

同工同酬制度是用人单位为员工发放工资应当执行的标准。在实际工作中，劳动者因为学历、技能、对工作的熟练程度、工作时间的长短等因素不同，而享受的薪资待遇也是有所差别的。作为劳动者，我们应当理解用人单位因合理理由而给予的劳动者的薪资待遇的差异。但是，当用人单位给劳动者的薪资待遇存在着同工不同酬的违法情况时，我们也应当维护自己的合法权利，不能忍气吞声。

24. 劳动合同履行地与用人单位注册地不一致时应当执行哪里的工资标准？

职场在线

林某大学毕业后，在北京的某股份有限公司企划部找到了一份工作。在工作期间由于林某对工作认真负责，业绩非常突出。三年之后，该公司在石家庄市开了一家分公司，但注册地一直是北京。公司准备派林某到分公司担任部门经理。因为林某的老家在那里，所以，她也乐于接受公司的安排。可是，林某回到石家庄工作后，发现自己虽然担任了部门经理，但是每月领到的工资却和在北京工作时一样多，都是每月 8000 元，而公司是说过要加薪的。于是，林某便到该公司的人事部门询问。该公司人事工作人员称，由于现在林某的劳动合同履行地是石家庄，不再是北京，所以，执行的是石家庄的工资标准。因此，按照石家庄市的工资标准，林某的工资实际上增长了 3000 元。

法律疑点

依照我国相关法律的规定，劳动合同履行地与用人单位注册地不一致时应当执行哪里的工资标准？

法律分析

劳动合同履行地与用人单位注册地不一致时，应当执行劳动合同履行地的工资标准。

我国《劳动合同法实施条例》第十四条规定：“劳动合同履行地与用人单位注册地不一致的，有关劳动者的最低工资标准、劳动保护、劳动条件、职业危害防护和本地区上年度职工月平均工资标准等事项，按照劳动合同履行地的有关规定执行；用人单位注册地的有关标准高于劳动合同履行地的有关标准，且用人单位与劳动者约定按照用人单位注册地的有关规定执行的，从其约定。”由此可知，当出现劳动合同履行地与用人单位注册地不一致的情况时，一般情况下，关于劳动者的最低工资标准等事项应当以执行劳动合同履行地的标准为原则。只有在用人单位注册地的标准高于劳动合同履行地并且双方协商一致时，才能执行用人单位注册地的标准。

当劳动合同履行地与用人单位注册地不一致时，应当以执行劳动合同履行地的标准为原则。法律作出这种规定，是因为劳动者的实际工作地为劳动合同履行地，其在劳动合同履行地生活。因此，有关劳动者的工资标准等事项执行劳动合同履行地的标准更符合实际情况。否则，很可能会出现，劳动合同履行地的生活水平非常高，但是用人单位注册地的生活水平比较低，此时，就会导致劳动者的工资无法满足其实际生活需要。

在上面的案例中，在林某被调到石家庄分公司后，其劳动合同的履行地则由北京变成了石家庄。因此，根据上述法律规定，林某在石家庄分公司工作的工资应当按照劳动合同履行地即石家庄当地的标准来执行。所以，公司的做法是正确的。

条文链接

《中华人民共和国劳动合同法实施条例》

第十四条 劳动合同履行地与用人单位注册地不一致的，有关劳动者的最低工资标准、劳动保护、劳动条件、职业危害防护和本地区上年度职工月平均工资标准等事项，按照劳动合同履行地的有关规定执行；用人单位注册地的有关标准高于劳动合同履行地的有关标准，且用人单位与劳动者约定按照用人单位注册地的有关规定执行的，从其约定。

职场人生

在职场中，劳动者需要注意，许多时候，劳动者签订劳动合同以后，会出现劳动合同的履行地与用人单位注册地不一致的情况，而合同履行地与注册地的工资标准又会根据各个地区的经济发展水平等因素作出不同的规定。当合同履行地与用人单位注册地不一致的，依照我国法律规定，根据合同履行地的工资标准发放工资。但是劳动者与用人单位约定按照用人单位注册地的有关规定执行时，从其约定。

25. 最低工资标准中是否要将加班费计算在内？

职场在线

小静是某大学四年级法学专业的学生，即将毕业，因此，最近小静一直在了解相关的就业信息。在放寒假时，小静回老家见到了已经工作一年的表姐。由于小静的表姐在老家工作，而小静也想毕业后回家乡找工作。所以，她认为表姐的工资是具有参考价值的。可是，当小静问到表姐每月的工资时，小静得知，表姐每月的工资虽然有3000元，但是，其中包含800元的加班费，而当地的最低工资标准是2500元。小静认为，表姐的工资如果不算上加班费根本达不到最低工资标准。于是小静便告诉表姐，加班费不应当计算在工资标准内，表姐的工资没有达到最低工资标准。而小静的表姐却认为，加班费应当计算在内。

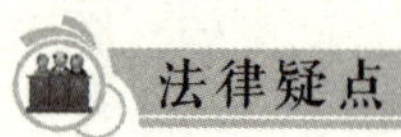

法律疑点

加班费用是否应计入最低工资标准中?

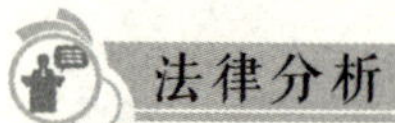

法律分析

加班费是不能计入最低工资标准中的。

最低工资是指劳动者在法定工作时间，或在依法签订的劳动合同约定的工作时间内，提供了正常的劳动，用人单位依法应支付的最低劳动报酬。我国《最低工资规定》第十二条第一款规定，下列各项不得作为最低工资的组成部分：(1) 延长工作时间工资；(2) 中班、夜班、高温、低温、井下、有毒有害等特殊工作环境、条件下的津贴；(3) 法律、法规和国家规定的劳动者福利待遇等。同时,《最低工资规定》第十三条还规定：用人单位违反本规定第十一条规定的，由劳动保障行政部门责令其限期改正；违反本规定第十二条规定的，由劳动保障行政部门责令其限期补发所欠劳动者工资，并可责令其按所欠工资的 1 至 5 倍支付劳动者赔偿金。

法律规定最低工资制度，是为了保证每一位劳动者所得工资足以维持基本生活需要，这是法律强制性规定，用人单位和劳动者不能约定低于这一标准的工资，否则约定无效。之所以加班费不能计入最低工资中，是因为根据法律规定，员工的最低工资是其每天工作不超过法定时间所领取的报酬，而一旦用人单位要求员工加班，就必须支付加班加点的费用。如果将加班费计入最低工资标准中，会导致部分用人单位利用加班费剥削劳动者。因此，法律这样规定，是保护劳动者获得休息权、劳动报酬权的表现。

在上面的案例中，小静的说法是正确的。小静表姐的加班费是不能计算在最低工资中的，所以，在判断小静表姐的工资是否达到当地的最低工资标准时，应当将加班费予以剔除。因此，在剔除加班费后，小静表姐的工资没有达到最低的工资标准。

条文链接

《最低工资规定》

第十二条第一款 在劳动者提供正常劳动的情况下，用人单位应支付给劳动者的工资在剔除下列各项以后，不得低于当地最低工资标准：

（一）延长工作时间工资；

（二）中班、夜班、高温、低温、井下、有毒有害等特殊工作环境、条件下的津贴；

（三）法律、法规和国家规定的劳动者福利待遇等。

第十三条 用人单位违反本规定第十一条规定的，由劳动保障行政部门责令其限期改正；违反本规定第十二条规定的，由劳动保障行政部门责令其限期补发所欠劳动者工资，并可责令其按所欠工资的 1 至 5 倍支付劳动者赔偿金。

职场人生

在职场中，劳动者加班加点是常见现象。对此，用人单位也会支付劳动者相应的加班费。但是，劳动者需要明确的是，劳动者的基本工资不应低于当地最低的工资标准。而劳动者在计算基本工资数额时，不应将加班费、法律法规规定的劳动者福利待遇等计算在内。当自己的工资低于最低工资标准的，劳动者要懂得适时维护自己的合法权益。

26. 用人单位贴补给劳动者的伙食费应计入工资中吗?

职场在线

陈某原来是某制鞋厂的工人，后来，其所在单位因经营方式有问题而倒闭。陈某在下岗后，经过朋友介绍，在某酒店找到了一份清洁工的工作。该酒店只要求陈某每天在固定的时间去打扫卫生，每月工资1500元，而且每月给陈某500元的伙食补助费用，此笔伙食补助费以餐券的形式发放给她。但是，陈某的女儿得知这件事后，便告诉陈某，她当前的工资没有达到最低工资标准。当地的最低工资标准是2000元，而且酒店支付给陈某的伙食补助是不应当计算在内的。

法律疑点

用人单位支付给劳动者的伙食补助费是否需要计算在最低工资标准内?

法律分析

用人单位贴补给职工的伙食费是不能计算在基本工资内的。

所谓最低工资标准，是指劳动者在法定工作时间或依法签订的劳动合同约定的工作时间内提供了正常劳动的前提下，用人单位依法应支付的最低劳动报酬。根据《最低工资规定》第十二条的规定，最低工资的范围是不包含“法律、法规和国家规定的劳动者福利待遇等”的。伙食补贴，很显然属于福利待遇，是不应归在最低工资里的。因此，劳动者在判断自己的工资是否符合最低工资标准时，也应当将伙食补贴等费用予以剔除。

用人单位贴补给劳动者的伙食、住房等非货币性收入不能计算在最低工资标准内，原因是劳动者在职场中一般都处于弱势地位。一旦将这些非货币性收入计算在最低工资标准中，那么，有的用人单位可能会以伙食补助的方式支付员工工资，而减少以货币形式发放给劳动者的工资。此时，劳动者的消费就会受到限制，更无法保障劳动者的基本生活需要。因此，法律规定，不能将伙食、住房等非货币性收入算入基本工资中。

在上面的案例中，陈某女儿的说法是正确的。陈某实际拿到的工资只有1500元，酒店发放给陈某的餐券不能计算在基本工资内。因此，陈某的实际工资是没有达到当地的最低工资标准的，陈某可以向酒店提出异议，要求其将差额工资支付给自己。

条文链接

《最低工资规定》

第三条第一款 本规定所称最低工资标准，是指劳动者在法定工作时间或依法签订的劳动合同约定的工作时间内提供了正常劳动的前提下，用人单位依法应支付的最低劳动报酬。

第十二条第一款 在劳动者提供正常劳动的情况下，用人单位应支付给劳动者的工资在剔除下列各项以后，不得低于当地最低工资标准：

（一）延长工作时间工资；

（二）中班、夜班、高温、低温、井下、有毒有害等特殊工作环境、条件下的津贴；

（三）法律、法规和国家规定的劳动者福利待遇等。

职场人生

在实际工作中，劳动者每月所领取的收入，除了用人单位以货币形式支付的基本工资外，还可能会有以代金券、餐券等非货币形式支付的其他福利待遇。而这些以非货币形式从用人单位领取的福利待遇并不是最低工资标准的组成部分。因此，劳动者在求职时，应当明确用人单位实际以货币形式支付给自己的工资数额，并以此为标准来判断是否符合当地的最低工资标准。

27. 什么是奖金？用人单位是否可以自行决定奖金的标准和形式？

职场在线

沈某是某学校的大学生，毕业后，应聘到某日用品公司工作。可是，在签订劳动合同时，沈某看到劳动合同中有“按照本单位规定的标准和形式发放奖金”这样一条规定。在看到该条规定之后，沈某觉得不是十分合理，认为用人单位不能自行决定员工奖金的发放形式和标准，觉得这样对员工来说非常不公平。于是，沈某便向公司提出，公司的这种行为不符合法律规定。但是，该公司的工作人员告诉沈某，公司有权利根据自己的实际情况决定员工奖金的发放标准和形式，这是符合法律规定的。

法律疑点

什么是奖金？用人单位是否可以自行决定奖金的标准和形式？

法律分析

用人单位可以自行决定奖金的发放标准和形式。

根据我国劳动部《关于贯彻执行〈中华人民共和国劳动法〉若干问题的意见》第五十三条的规定，工资是用人单位以货币形式支付给本单位劳动者的劳动报酬。一般包括计时工资、计件工资、奖金、津贴和补贴、延长工作时间的工资报酬以及特殊情况下支付的工资等。奖金属于基本工资以外的劳动报酬，是用人单位根据劳动者所提供的劳动数量和质量以及单位的效益，按一定标准发给职工的奖励金额。用人单位可以自行规定奖金的发放标准和方式。由此可知，奖金作为员工基本工资以外的劳动报酬，是可以由用人单位自行规定发放标准和方式的。

法律允许用人单位自行规定奖金的发放标准和方式，是因为社会生活中有很多行业，而每个行业的工作内容和性质不同，同时，每个用人单位的实际情况也不同，法律无法对工作中用人单位给职工发放奖金的标准和形式作出统一的规定，而只有用人单位自身比较清楚自己工作的内容，因此，法律将发放奖金的标准和方式的权利赋予用人单位。用人单位可以根据自身的具体情况来作出规定，这样不但能够提高劳动者的积极性，激励劳动者努力工作，而且能够提高工作效率，进而提高企业的经济效益。

在上面的案例中，某日用品公司的做法是正确的，根据上述法律规定，用人单位有权自行制定发放奖金的标准和形式，沈某的说法是错误的。

条文链接

《关于贯彻执行〈中华人民共和国劳动法〉若干问题的意见》

53. 劳动法中的“工资”是指用人单位依据国家有关规定或劳动合同的约定，以货币形式直接支付给本单位劳动者的劳动报酬，一般包括计时工资、计件工资、奖金、津贴和补贴、延长工作时间的工资报酬以及特殊情况下支付的工资等。“工资”是劳动者劳动收入的主要组成部分。劳动者的以下劳动收入不属于工资范围：（1）单位支付给劳动者个人的社会保险福利费用，如丧葬抚恤救济费、生活困难补助费、计划生育补贴等；（2）劳动保护方面的费用，如用人单位支付给劳动者的工作服、解毒剂、清凉饮料费用等；（3）按规定未列入工资总额的各种劳动报酬及其他劳动收入，如根据国家规定发放的创造发明奖、国家星火奖、自然科学奖、科学技术进步奖、合理化建议和技术改进奖、中华技能大奖等，以及稿费、讲课费、翻译费等。

职场人生

奖金属于基本工资以外的劳动报酬，是用人单位根据劳动者所提供的劳动数量和质量以及单位的效益，按一定标准发给职工的奖励金额。在实际工作中，很多用人单位都是根据自己的实际情况制定奖金的发放形式和标准的。对此，部分劳动者认为用人单位的此种做法不合理的认识是错误的，用人单位是有权决定发放奖金的具体方案的。

28. 非全日制用工的劳动报酬应该如何计算？

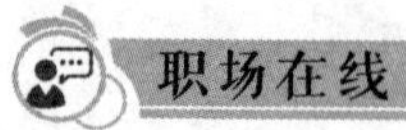

职场在线

冯某原来是某私营企业的一名员工，后来，其由于在工作中出现重大失误而被辞退。在失业后，因为年纪较大，冯某很难再找到一份合适的工作。而冯某的子女想让她再继续工作，同时，冯某也觉得自己在家每天都很无聊，于是，便决定找个小时工的活。一次，冯某在上街买菜时，看到某餐厅在招小时工，需要每天晚上6点至9点来餐厅工作。冯某看到这个广告时，觉得这个工作非常好，不仅离自己家近，而且每天的工作时间又不是很长。因此，冯某便前去应聘。在应聘成功后，该餐厅经理告诉冯某，她每天工作三个小时，每个小时工资50元。但是，由于冯某并不清楚非全日制用工的工资应该如何计算，因此，便想去打听一下，餐厅对于自己工资的计算方法是否符合法律规定。

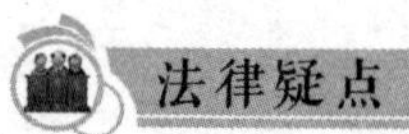

法律疑点

根据我国相关法律规定，非全日制用工的薪酬应该如何计算呢？

法律分析

在我国，非全日制用工的薪酬一般是以小时工资计算。

我国《劳动合同法》第六十八条规定，非全日制用工，是指以小时工资计酬为主，劳动者在同一用人单位一般平均每日工作时间不超过四小时，每周工作时间累计不超过二十四小时的用工形式。同时，该法第七十二条规定，非全日制用工小时计酬标准不得低于用人单位所在地人民政府规定的最低小时工资标准。非全日制用工劳动报酬结算支付周期最长不得超过十五日。由此可知，对于非全日制用工，用人单位应该按照小时为劳动者计算劳动报酬，并且劳动者每小时的工资不能低于所在地的最低小时工资标准。

非全日制用工是以小时为单位计算薪酬的，而非全日制用工薪酬的计算方法之所以不同于全日制用工，是因为非全日制用工在工作时间、试用期等方面与全日制用工存在着差异。法律作出如此规定，是为了保护非全日制劳动者的合法权益，使劳动者可以得到应有的劳动报酬。

在上面的案例中，冯某将要到餐厅从事的工作，由于其每天只工作三个小时，因此，根据上述法律规定，冯某应当属于非全日制用工。所以，在计算冯某的工资时应该采用以小时计酬的方法。因而该餐厅每小时支付给冯某50元工资的方式是正确的。但是，需要冯某注意的是，该餐厅支付给她的工资应符合当地最低的小时工资标准。如果符合最低标准，那么，餐厅支付给冯某的工资则是完全没有问题的。

条文链接

《中华人民共和国劳动合同法》

第六十八条　非全日制用工，是指以小时计酬为主，劳动者在同一用人单位一般平均每日工作时间不超过四小时，每周工作时间累计不超过二十四小时的用工形式。

第七十二条　非全日制用工小时计酬标准不得低于用人单位所在地人民政府规定的最低小时工资标准。

非全日制用工劳动报酬结算支付周期最长不得超过十五日。

职场人生

非全日制劳动关系与全日制劳动关系相比有很多不同点，如非全日制用工不需要订立书面劳动合同，不得约定试用期，可以随时终止用工且无须支付经济补偿。除此之外，劳动者也需要明确，非全日制劳动者薪酬的计算方法与全日制劳动者也是不同的，非全日制劳动者的工资是以小时为单位进行计算的。

29. 非全日制用工劳动报酬结算支付周期是多久？

职场在线

周某是某食品加工厂的一名员工，其丈夫因意外死亡，家里所有的经济负担都落到了周某一人身上。由于周某的女儿马上就要上大学，因此，周某便准备再利用业余的时间找一份工作。后来，经过一个朋友的介绍，周某到了某饭店做洗碗工，每天的工作时间是晚上7点至10点，每小时工资为40元，工作时间也与周某上班的时间不冲突。所以，周某非常满意。但是，周某在工作了二十多天之后，该饭店一直都没有给周某发过工资。于是，周某便向饭店询问，什么时候才能给她发工资。而饭店告诉周某，她的工资是每月发一次。但是，周某曾听说，像她这样的非全日制用工工资的发放周期应该是比较短的。

法律疑点

非全日制用工劳动报酬结算支付周期是多久？

法律分析

非全日制用工劳动报酬结算支付周期最长不得超过十五日。

根据我国《劳动合同法》第六十八条的规定可知，非全日制用工，是指以小时工资计酬为主，劳动者在同一用人单位一般平均每日工作时间不超过四小时，每周工作时间累计不超过二十四小时的用工形式。此外，该法第七十二条规定，非全日制用工小时计酬标准不得低于用人单位所在地人民政府规定的最低小时工资标准。非全日制用工劳动报酬结算支付周期最长不得超过十五日。由此可知，非全日制用工的工资不但有最低工资标准的限制，而且其劳动报酬的结算支付周期也不能超过十五日。换言之，用人单位在雇佣非全日制用工时，给劳动者支付工资的周期不得长于十五日。

法律对非全日制用工劳动报酬的结算周期进行了严格限制，是因为非全日制用工本身就具有灵活性和不稳定性，非全日制用工中用人单位与劳动者可以随时解除劳动关系，而且在劳动合同订立时也无须以书面形式订立。因此，为了保护劳动者的合法权益，避免用人单位长时间拖欠劳动者工资，法律要求对于非全日制用工劳动报酬的支付周期不能超过十五天。

在上面的案例中，饭店与周某协商约定的劳动时间符合法律关于非全日制用工的工作时间。但是，根据上述法律规定，非全日制用工劳动报酬结算支付周期最长不得超过十五日。所以，饭店以一个月为周期支付给周某工资的做法是违法的。

条文链接

《中华人民共和国劳动合同法》

第六十八条 非全日制用工，是指以小时计酬为主，劳动者在同一用人单位一般平均每日工作时间不超过四小时，每周工作时间累计不超过二十四小时的用工形式。

第七十二条 非全日制用工小时计酬标准不得低于用人单位所在地人民政府规定的最低小时工资标准。

非全日制用工劳动报酬结算支付周期最长不得超过十五日。

职场人生

在现实生活中，因非全日制用工具有灵活性，因此，越来越多的行业采用了此种用工形式。对于非全日制用工劳动者，我们不仅要了解非全日制用工工资的计算标准以及工作时间的限制，更要明确非全日制用工劳动报酬的结算周期。在与用人单位订立劳动合同时，一定要注意用人单位支付工资的期限不能超过十五天。

30. 用人单位必须以法定货币的形式支付劳动者工资吗？

职场在线

吴某原来是某公司的一名员工，后来，该企业进行改革，在裁减人员的过程中，吴某因学历比较低而被裁减。失业后，由于吴某的年龄较大，也没有什么技能，因此，吴某便在某百货公司找到一份售货员的工作。开始时，吴某对自己的这份工作非常满意，觉得每天工作也不是特别累，而且每月有3000元的工资。可是，该百货公司每月在发工资时，只有2000元的工资是以货币的形式发放，而另外的1000元却是发给吴某等人购物卡，让他们在该百货公司购物。对此，吴某非常不满，认为自己每月并没有很多的东西要买。吴某的朋友得知后，告诉吴某，用人单位在发工资时不能以实物及有价证券等代替货币。

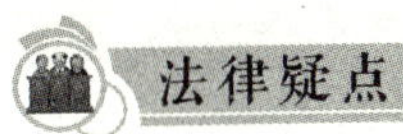

法律疑点

用人单位必须以法定货币的形式支付劳动者工资吗?

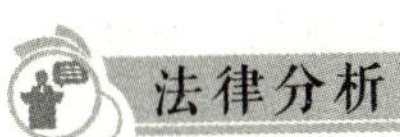

法律分析

用人单位必须应当以法定货币支付劳动者的工资。

根据我国《劳动法》第三条规定:“劳动者享有平等就业和选择职业的权利、取得劳动报酬的权利、休息休假的权利、获得劳动卫生安全保护的权利、接受职业技能培训的权利、享受社会保险和福利的权利、提请劳动争议处理的权利以及法律规定的其他劳动权利。”由此可知,获得劳动报酬是劳动者的一项基本权利。用人单位应当依据《劳动法》规定的形式支付给劳动者劳动报酬。另外,我国《工资支付暂行规定》第五条明确规定:“工资应当以法定货币支付。不得以实物及有价证券替代货币支付。”根据该规定,用人单位应当在合法的分配工资方式下,以货币的形式支付给劳动者工资,而不得以实物或其他形式来代替工资。用人单位在发放工资时,应当以法定货币支付。法律之所以作出强制性规定,是因为劳动者有取得劳动报酬的权利,如果允许用人单位以实物或有价证券代替法定货币,那么,很多企业可能就会将自己无法销售的货物来冲抵员工的工资。而这些货物并不一定是劳动者所实际需要的,但法定货币就不同,劳动者既可以将自己所获得的劳动报酬储蓄起来,也可以购买自己所需的其他商品,而实物或者有价证券则不能发挥这样的功能。

在上面的案例中,百货公司用购物卡代替货币作为工资支付给员工的做法是违法的。根据相关法律规定,用人单位必须以法定货币支付给员工工资,而不能以实物或者有价证券进行代替。所以,百货公司不能用购物卡来代替货币发放给员工。

条文链接

《中华人民共和国劳动法》

第三条　劳动者享有平等就业和选择职业的权利、取得劳动报酬的权利、休息休假的权利、获得劳动安全卫生保护的权利、接受职业技能培训的权利、享受社会保险和福利的权利、提请劳动争议处理的权利以及法律规定的其他劳动权利。

劳动者应当完成劳动任务,提高职业技能,执行劳动安全卫生规程,遵守劳动纪律和职业道德。

《工资支付暂行规定》

第五条　工资应当以法定货币支付。不得以实物及有价证券替代货币支付。

职场人生

获得劳动报酬是每一个劳动者所享有的合法权益,应受到国家法律的保护。在职场中,用人单位以实物或者有价证券等方式代替货币支付给员工的现象是比较常见的。在面对此种情形时，有的劳动者可能认为用人单位的此种行为是合法的，因此，便予以接受。而实际上，用人单位的该种行为是不符合法律规定的，劳动者在领取工资时，用人单位必须全部以法定货币的形式发放，而不能以实物或有价证券替代。在遇到类似情形时，劳动者可以予以拒绝，也可以向有关部门举报，以维护自己的合法权益。

31. 用人单位没有足额支付劳动报酬的，劳动者应当怎么办？

职场在线

何某是某村村民，原来其在村里一直是以种地为生。后来，由于儿女都在上大学，家里的负担不断增加，种地已经无法满足生活需要。因此，何某便与同村村民向某来到城里打工。何某与向某在某市的一个建筑公司工作，在签订劳动合同时，双方约定，何某等人每月的工资为6000元。虽然工作非常辛苦，但是，何某觉得薪水非常高，因此，总是非常卖力地工作。可是，在工作了半年后，何某发现该建筑公司每个月都少发2000元的工资。后来，在何某等人的多次催促下，建筑公司称现在公司资金周转不足，等到资金到位，马上将工资补发给大家。但是，该公司一直都没有足额支付给他们工资。对此，何某等人非常担心，害怕自己辛苦工作最后却拿不到工资，更不知道应该怎么办。

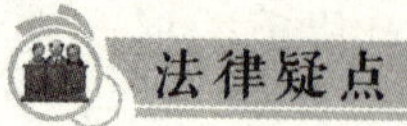

法律疑点

在用人单位未足额支付劳动报酬的情况下，劳动者应该怎么办？

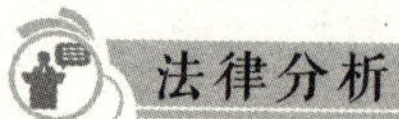

法律分析

在用人单位未足额支付劳动报酬的情况下，劳动者可以依法向当地人民法院申请支付令，人民法院应当依法发出支付令。

根据我国《劳动合同法》第三十条的规定，用人单位应当按照劳动合同约定和国家规定，向劳动者及时足额支付劳动报酬。用人单位拖欠或者未足额支付劳动报酬的，劳动者可以依法向当地人民法院申请支付令，人民法院应当依法发出支付令。据此可知，及时足额支付劳动者报酬是用人单位的法定义务。当用人单位没有履行法定义务，拖欠劳动者工资或者没有足额发放工资时，劳动者可以向当地的人民法院申请支付令，通过法律手段来维护自己的合法权益。

在用人单位未足额支付劳动报酬时，法律为劳动者提供了救济途径，赋予劳动者向法院申请支付令的权利。法律之所以作出这样的规定，一方面，是因为劳动者在职场中经常处于弱势地位，而为劳动者提供救济途径，可以督促用人单位及时履行足额支付给劳动者工资的义务，以保护劳动者依法获得劳动报酬的权利。另一方面，赋予劳动者申请支付令的权利，也在一定程度上减少因拖欠或者未足额支付工资而发生的诉讼纠纷，这样规定，既可以减轻法院的压力，节约司法成本，也减轻劳动者因诉讼而发生的经济负担。

在上面的案例中，建筑公司作为用人单位，其应当按照劳动合同的约定，及时将工资支付给何某等人。而何某等人在面对建筑公司不足额支付工资的情形时，应当依法向法院申请支付令，法院在收到何某等人的申请后，会依法向建筑公司发出支付令，要求建筑公司及时履行足额支付工资的义务。

条文链接

《中华人民共和国劳动合同法》

第三十条　用人单位应当按照劳动合同约定和国家规定，向劳动者及时足额支付劳动报酬。

用人单位拖欠或者未足额支付劳动报酬的，劳动者可以依法向当地人民法院申请支付令，人民法院应当依法发出支付令。

职场人生

及时足额支付劳动报酬是用人单位的法定义务。当用人单位出现拖欠或者未足额支付员工劳动报酬的情况时，劳动者不能忍气吞声，更不能采取报复的手段，应当理性对待，我们可以向当地人民法院申请支付令，以维护自身合法权益。

32. 当劳动合同无效时，用人单位还需要支付工资吗？

职场在线

杜某大学毕业后，因为自己的学校不是重点院校，所以，在找工作时非常困难。于是，杜某便花了500元钱买了一个假的某重点大学的学历证书。后来，杜某凭借假的学历在某股份有限公司找到了一份待遇非常好的工作。然而，在杜某工作了半年之后，该公司无意间发现了杜某的学历证书是伪造的。于是，该公司便向仲裁机构申请认定其与杜某签订的劳动合同无效，并得到支持。在劳动合同被认定无效后，该公司便要求杜某离开公司。但是，此时公司还有两个月的工资没有支付给杜某，在杜某要求公司支付拖欠的工资时，该公司称劳动合同已经无效，因此，公司也无须再支付杜某工资。

法律疑点

当劳动合同无效时，用人单位还需要支付工资吗？

法律分析

在劳动合同无效的情况下，用人单位依然应支付相应的劳动报酬。

根据我国《劳动合同法》第二十八条的规定，劳动合同被确认无效，劳动者已付出劳动的，用人单位应当向劳动者支付劳动报酬。劳动报酬的数额，参照本单位相同或者相近岗位劳动者的劳动报酬确定。同时，《最高人民法院关于审理劳动争议案件适用法律若干问题的解释（一）》第十四条也作出了相似的规定。由此可见，即便用人单位与劳动者之间的劳动合同被确认无效，如果劳动者已经付出了劳动，那么，用人单位也是应当向劳动者支付劳动报酬的。劳动合同无效并不影响劳动报酬的支付，只要劳动者已经实际付出劳动，用人单位就应当向劳动者支付劳动报酬。一般的合同无效是自始无效，对已经履行部分应恢复到合同关系发生之前。但劳动合同具有较强的人身属性，不宜一概处之。

在上面的案例中，虽然某股份有限公司与杜某之间签订的劳动合同因杜某提供虚假的信息而被认定无效，但是，在劳动合同被认定为无效之前，杜某已经在该公司工作了半年，其付出了实际的劳动。因此，该公司应当按照相同岗位劳动者的劳动报酬支付给杜某一定数额的劳动报酬。公司认为劳动合同被认定无效，其就无须支付给劳动者工资的说法是错误的。

条文链接

《中华人民共和国劳动合同法》

第二十八条 劳动合同被确认无效，劳动者已付出劳动的，用人单位应当向劳动者支付劳动报酬。劳动报酬的数额，参照本单位相同或者相近岗位劳动者的劳动报酬确定。

《最高人民法院关于审理劳动争议案件适用法律若干问题的解释（一）》

第十四条 劳动合同被确认为无效后，用人单位对劳动者付出的劳动，一般可参照本单位同期、同工种、同岗位的工资标准支付劳动报酬。

根据《劳动法》第九十七条之规定，由于用人单位的原因订立的无效合同，给劳动者造成损害的，应当比照违反和解除劳动合同经济补偿金的支付标准，赔偿劳动者因合同无效所造成的经济损失。

职场人生

在实际工作中，有时用人单位与劳动者之间的劳动合同可能会因各种原因而被认定为无效。在劳动合同无效时，需要劳动者注意，只要劳动者曾经付出过劳动，那么，其就有权获得劳动报酬，用人单位不得以劳动合同无效为由拒绝支付工资。另外，对因用人单位过错致使合同无效的，用人单位除了应支付劳动报酬、社会保险等劳动者应享受的待遇外，还会受到相应的制裁。

第四章

休假与工作时间

33. 再婚者所享受的婚假待遇与初婚者相同吗?

职场在线

曾某是某企业的部门经理，其妻子在三年前因病去世。在妻子去世后，曾某一直是自己一个人带着女儿生活。后来，曾某经过朋友介绍，认识了程某。两人在接触了一段时间后，便决定结婚。于是，在结婚日期确定下来后，曾某便准备向公司请七天的婚假，想在结婚后带妻子度蜜月。但是，在曾某向公司提出申请后，该公司却只给了曾某一天的假期，称他在办完结婚仪式后应当马上回来上班。曾某询问原因，该公司的人事部门称，曾某是再婚，其在该公司已经享受过一次婚假。因此，再婚就不能再享受与初婚相同的婚假待遇。所以，公司只能给他一天的婚假。在听到公司的解释后，曾某觉得非常不合理。

法律疑点

再婚者所享受的婚假待遇与初婚者相同吗?

法律分析

再婚者所享受的婚假待遇与初婚者相同。

再婚的双方，与初婚者相同，在取得结婚证后，夫妻关系即成立，也就享有法律赋予婚姻双方的权利和应承担的义务。在权利和义务方面，法律并没有对初婚和再婚作出不同的规定。因此，再婚者应与初婚者享有一样的权利，其中当然也包括享受休假的权利。另外，我国劳动和社会保障部办公厅《关于对再婚职工婚假问题的复函》这样答复，根据《中华人民共和国婚姻法》和国家有关职工婚丧假的规定精神，再婚者与初婚者的法律地位相同，用人单位对再婚职工应当参照国家有关规定，给予同初婚职工一样的婚假待遇。因此，再婚者与初婚者享受相同的婚假待遇，用人单位不能对再婚者区别对待。

劳动者依法享有休婚假的权利，虽然存在初婚与再婚等不同情形，但是法律平等地保护每一个劳动者结婚的权利，不存在任何的差别待遇。对于再婚者享有与初婚者同样的婚假待遇，体现了法律对于劳动者权益的保护，能够有效调动劳动者积极性，同时也是一种平等公民权利的表现。

在上面的案例中，曾某虽然是再婚，但是，根据上述法律的规定，再婚者享有与初婚者相同的婚假待遇。因此，该公司应当让曾某享受与初婚相同的婚假待遇，而不能因为其是再婚就减少婚假的天数，公司对再婚者的婚假区别对待，这种做法是违反法律规定的。

条文链接

劳动和社会保障部办公厅《关于对再婚职工婚假问题的复函》

湖北省劳动保障厅：

你厅《关于再婚者婚假问题的请示》

（鄂劳社［2000］113号）收悉。现答复如下：

根据《中华人民共和国婚姻法》和国家有关职工婚丧假的规定精神，再婚者与初婚者的法律地位相同，用人单位对再婚职工应当参照国家有关规定，给予同初婚职工一样的婚假待遇。

二〇〇〇年七月十一日

职场人生

在职场中，我们每个劳动者都享有休婚假的权利。但有的劳动者对婚假的认识存在着误区，认为再婚的劳动者与初婚劳动者所享受的婚假待遇是不同的。实际上，此种想法是错误的。不管是初婚者还是再婚者，劳动者都享有相等的婚假待遇。因此，在再婚劳动者的婚假权利受到损害时，应该懂得运用法律维护自己的合法权益。

34. 劳动者在哪些情况下可以享受探亲假？

职场在线

袁某出生于河北省某村，其在长大后以优异的成绩考入了上海某重点大学。大学毕业后，因袁某成绩非常优秀，而且工作能力强，所以就在上海某私营企业找到了一份待遇非常好的工作。但在工作之后，由于没有专门的长假，再加上离家又非常远。所以，袁某只能在过年时回一次家。后来，在袁某工作的第二年，一次在给家里打电话时，听说父亲最近身体状况不是很好，非常想念袁某。于是，袁某便想回家去探望父母。但是，袁某又不好意思请太长时间的假，为此，袁某非常烦恼。后来，袁某的同事告诉他，他是有探亲假的，可以向公司申请回家探望父母，公司是会允许的。虽然听同事这样说，但是，袁某并不是非常确定。

法律疑点

劳动者在哪些情况下可以享受探亲假？

法律分析

劳动者在符合一定的条件时可以享受探亲假。

探亲假是指劳动者的工作地点与父母或者配偶的居住地不在一处，在公休假日不能团聚时享受的与父母或配偶团聚的带薪假期。根据《国务院关于职工探亲待遇的规定》第二条规定，在满足下列条件下，职工可以享受探亲假期：（1）劳动者的工作单位为国家机关、人民团体和全民所有制企业、事业单位等；（2）工作满一年；（3）固定期限的职工；（4）不与配偶、父母住在一起，且不能在公休假日团聚的。

法律之所以规定劳动者享有探亲假，是出于人文关怀。为了保障公民与家人团聚的权利，该规定特别规定了职工在符合法定情形的前提下，可以享受探亲假，在探亲假期间享有保留工资的待遇。

而出于市场经济的考虑，每种性质的企业的具体情况不同，法律对所有企业都统一规定探亲假是不现实的，因此，只对一些特定性质的企业或者团体作出了探亲假的规定，其他性质企业实行与否则可以根据自己的实际情况而定。

在上面的案例中，袁某原则上是不享有探亲假期的。因为根据上述法律规定，凡在国家机关、人民团体和全民所有制企业、事业单位工作满一年的固定职工，且不与父母在一起居住也不能在公休假日团聚的职工才能享受探亲假期的待遇。袁某的工作单位是私营企业，并不属于享受探亲假期的工作单位的范围。因此，袁某是不符合享受探亲假期的条件的。但是，由于一些企业可能也规定了相关的探亲假，所以，袁某可以向公司人事部门了解一下该公司是否有探亲假。

条文链接

《国务院关于职工探亲待遇的规定》

第二条　凡在国家机关、人民团体和全民所有制企业、事业单位工作满一年的固定职工，与配偶不住在一起，又不能在公休假日团聚的，可以享受本规定探望配偶的待遇；与父亲、母亲都不住在一起，又不能在公休假日团聚的，可以享受本规定探望父母的待遇。但是，职工与父亲或与母亲一方能够在公休假日团聚的，不能享受本规定探望父母的待遇。

第三条　职工探亲假期：

（一）职工探望配偶的，每年给予一方探亲假一次，假期为30天。

（二）未婚职工探望父母，原则上每年给假一次，假期为20天，如果因为工作需要，本单位当年不能给予假期，或者职工自愿两年探亲一次，可以两年给假一次，假期为45天。

（三）已婚职工探望父母的，每四年给假一次，假期为20天。

探亲假期是指职工与配偶、父、母团聚的时间，另外，根据实际需要给予路程假。上述假期均包括公休假日和法定节日在内。

职场人生

探亲假是法律赋予劳动者的一项权利。然而，需要劳动者注意的是，探亲假与婚假、产假等不同，并非所有的劳动者都享有探亲假，只有在劳动者满足法律规定的条件时，其才可以享受探亲假的待遇。因而，我们不能错误地认为，只要自己是劳动者就可以享受探亲假。

35. 在产假期间没有与配偶团聚的女职工在同一年度内是否还能享受探亲假？

职场在线

周某是某事业单位的一名职工，而她的丈夫是某建筑公司的一名工程师，常年在西南地区工作，两人一年见面的次数非常少。在周某临近产期时，她曾向单位申请了三个月的产假。但是，因为周某距离丈夫的工作地点非常远，也不便出远门，而周某的丈夫因工作繁忙也无法赶回家与她团聚。因此，周某在休产假时一直都没有机会与丈夫团聚。在产假结束后，周某觉得自己已经将近一年没有见过丈夫，因此，她便想带着孩子去探望丈夫。可是，她想到自己今年才刚刚休了三个月的产假，所以，周某担心单位不会再批准自己的探亲假。然而，周某听到一个同事说自己是可以享受探亲假的。

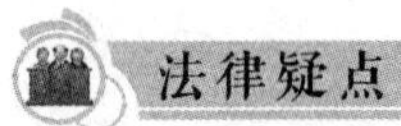

法律疑点

在产假期间没有与配偶团聚的女职工在同一年度内是否还能享受探亲假？

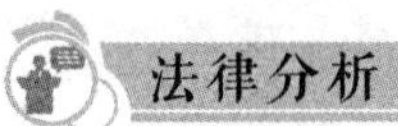

法律分析

已休产假的女职工在同一年度内是否还能享有探亲假，要视不同的情况而定。

女职工因生育而享有的产假与职工因与配偶或父母分居两地所享有的探亲假是性质不同的两种休假。产假是生育女职工专门享受的一种假期待遇。而探亲假是指父母与配偶分居两地的职工，每年在一定时期内回家团聚的假期。根据《〈国务院关于职工探亲待遇的规定〉实施细则的若干问题的意见》的规定：女职工到配偶工作地点生育，在生育休假期间，超过规定的产假以后，与配偶团聚30天以上的，不再享受当年的探亲待遇。那么如果女职工未在配偶工作地生育或虽在配偶工作地生育，但生育休假后未与配偶团聚30天以上，则当年仍可享受探亲假待遇。

探亲假与产假二者之间并不存在矛盾，因为法律规定这两种假期的出发点是不相同的。探亲假是为了保障职工与家人团聚的权利，而产假则是保障女职工正常的生育而设立。但是如果在产假期间夫妻双方已经团聚，再休探亲假则会产生重复，对于公司的生产是不利的，所以法律作出规定，只有在符合法定的情形下，职工方得同时享有产假与探亲假。

在上面的案例中，周某虽然已经休了三个月的产假，但是，根据上述法律的相关规定，女职工到配偶工作地点生育，在生育休假期间，超过五十六天（难产，双生七十天）产假以后，与配偶团聚三十天以上的，才不再享受当年探亲待遇。而周某既未到其丈夫的工作地点生育，而且其在生育休假期间也没有与丈夫团聚，所以，周某仍然是可以享受探亲假期的。

条文链接

《女职工劳动保护特别规定》

第七条 女职工生育享受98天产假，其中产前可以休假15天；难产的，增加产假15天；生育多胞胎的，每多生育1个婴儿，增加产假15天。

女职工怀孕未满4个月流产的，享受15天产假；怀孕满4个月流产的，享受42天产假。

《〈国务院关于职工探亲待遇的规定〉实施细则的若干问题的意见》

五、女职工到配偶工作地点生育，

在生育休假期间，超过五十六天（难产，双生七十天）产假以后，与配偶团聚三十天以上的，不再享受当年探亲待遇。

职场人生

享受产假、探亲假是劳动者的权利，符合享受探亲假期的劳动者，在享受产假后，如果符合一定的条件，其仍然还是可以享受探亲假的，这两者并不矛盾。因此，在实际工作中，劳动者是否可以同时享受产假、探亲假，还要根据自己的实际情况结合具体的法律规定进行判断。

36. 非劳动者本人原因而被调到新的工作单位的，其工作年限应当如何计算？

职场在线

郑某是某知识产权公司的员工，其自从大学毕业后就在该公司工作，至今已经三年了。2017 年 12 月，该公司又在某地成立了一个子公司。由于郑某对待工作认真负责，而且工作能力又非常强。因此，该公司便准备将其安排到新的公司担任经理。虽然郑某觉得在新的公司自己的工资可能会比较高，更利于自己的发展。但是，郑某想到，倘若以后自己与新单位解除劳动合同，不清楚自己在原公司的工作年限是否要计算在内。而一旦自己在原工作单位的年限不计入，则对自己是非常不利的。于是，为了避免以后发生矛盾，郑某便准备向他的朋友咨询一下关于自己到新工作单位后的工作年限问题。

法律疑点

非劳动者本人原因而被调到新的工作单位的，其工作年限应当如何计算？

法律分析

非劳动者本人原因而被调到新的工作单位的，其工作年限的计算方法根据其在原单位的具体情况进行计算。

根据《劳动合同法实施条例》第十条规定：“劳动者非因本人原因从原用人单位被安排到新用人单位工作的，劳动者在原用人单位的工作年限合并计算为新用人单位的工作年限。原用人单位已经向劳动者支付经济补偿的，新用人单位在依法解除、终止劳动合同计算支付经济补偿的工作年限时，不再计算劳动者在原用人单位的工作年限。”由此可知，劳动者非因本人原因从原用人单位被安排到新用人单位工作的，其工作年限的计算方法主要有两种：（1）一般情形下，在原单位的工作年限合并计算为新用人单位的工作年限；（2）如果原用人单位已经向劳动者支付经济补偿，则新用人单位在计算支付劳动者经济补偿的工作年限时，则不再计算其在原用人单位的工作年限。

对于一些企业特别是国有企业，因资产业务划转、并购、重组或者工作需要等非劳动者本人的原因，将劳动者成建制地转移到新的用人单位，或者通过行政命令等方式，将劳动者调往其他用人单位的，在这种情形下，原用人单位已经向劳动者支付经济补偿的，计算经济补偿的工作年限时，不再计算劳动者在原用人单位的工作年限。但是劳动者的工作年限不能从新用人单位起算，因劳动者在用人单位享有的福利待遇及其他合法权益，与其在用人单位的工作年限有密切关系。所以，非因劳动者本人原因导致劳动关系发生变动的，该变动产生的不利后果不应由劳动者承担。

具体到本案中，郑某因服从原用人单位的安排而被调到新成立的子公司工作，因为原用人单位并未向其支付经济补偿，所以，郑某在原单位工作的三年应当合并计入新用人单位的工作年限中。

条文链接

《中华人民共和国劳动合同法实施条例》

第十条 劳动者非因本人原因从原用人单位被安排到新用人单位工作的，劳动者在原用人单位的工作年限合并计算为新用人单位的工作年限。原用人单位已经向劳动者支付经济补偿的，新用人单位在依法解除、终止劳动合同计算支付经济补偿的工作年限时，不再计算劳动者在原用人单位的工作年限。

职场人生

在实际工作中，劳动者的工作可能会因各种情况的变化而发生变动。需要劳动者注意的是，如果工作变动是由于用人单位的安排所导致的，那么，一般情况下，其在原用人单位的工作年限也是要计算在新工作单位内的。对此，劳动者在计算自己的工作年限时要明确。

37. 法律对于劳动者加班加点的时间是否有限制？

职场在线

薛某大学毕业后，便在某公司的财务部找到了一份工作。薛某刚刚参加工作后，就听到同事们说，他所在的部门平时非常忙。入职后，薛某才发现，原来真的像他听说的一样。薛某在工作后每天加班，有时甚至工作到晚上十点，而且每天至少加班两个小时。但是，看到大家都非常认真工作，薛某也就和大家一起工作。后来，在和朋友聚会时，薛某和朋友们说起自己的工作情况，薛某的一个朋友告诉他，他们公司经常要求员工加班的做法是不符合法律规定的，法律对于劳动者的加班有严格的规定。在听到朋友的说法之后，薛某便准备自己了解一下法律中关于加班的规定，以确认其朋友的说法是否正确。

法律疑点

法律对于劳动者加班加点的时间是否有限制？

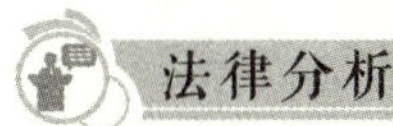

法律分析

法律对于劳动者加班加点的时间是作出了一定的限制的。

根据我国《劳动合同法》第三十一条的规定，用人单位应当严格执行劳动定额标准，不得强迫或者变相强迫劳动者加班。用人单位安排加班的，应当按照国家有关规定向劳动者支付加班费。《劳动法》第四十一条规定，用人单位由于生产经营需要，经与工会和劳动者协商后可以延长工作时间，一般每日不得超过一小时；因特殊原因需要延长工作时间的，在保障劳动者身体健康的条件下延长工作时间每日不得超过三小时，但是每月不得超过三十六小时。据此可知，用人单位必须在符合法律规定的条件时才能安排劳动者加班，不能强迫劳动者加班，且其安排劳动者加班必须要支付加班费。

我国相关法律对于劳动者加班的时间、条件等进行了严格限制。法律作出这样的规定，是为了保障劳动者的身体健康，避免用人单位为了追求经济利益而给劳动者安排过长的工作时间。此外，因为长期、经常性的工作会透支职工的精力、体力，不利于职工的身体健康，也势必造成企业工作效率的下降和人力资源的非正常损耗，不利于企业的长期发展。企业应当严格按照法律规定执行加班规定，安排职工得到充分休息，关心职工的身体健康和心理健康。

在上面的案例中，某公司经常要求薛某等人加班的行为是错误的。根据上述法律规定，用人单位要求员工加班，必须是出于生产经营的需要，而且经与工会和劳动者协商后可以延长工作时间，一般每日不得超过一小时，特殊情况下也不能超过三个小时。而该公司要求员工加班不但没有与工会和劳动者协商，而且其要求劳动者加班的时间也超过了法律规定的时间长度。因此，薛某朋友的说法是正确的。

条文链接

《中华人民共和国劳动合同法》

第三十一条　用人单位应当严格执行劳动定额标准，不得强迫或者变相强迫劳动者加班。用人单位安排加班的，应当按照国家有关规定向劳动者支付加班费。

《中华人民共和国劳动法》

第四十一条　用人单位由于生产经营需要，经与工会和劳动者协商后可以延长工作时间，一般每日不得超过一小时；因特殊原因需要延长工作时间的，在保障劳动者身体健康的条件下延长工作时间每日不得超过三小时，但是每月不得超过三十六小时。

职场人生

在现实中，不少员工可能需要在法

定工作时间之外加班。在法定情形下，用人单位可以安排劳动者加班。但是，用人单位要求劳动者加班是有严格的时间限制的。在用人单位符合法定情形需要加班时，劳动者应当配合用人单位完成相应的工作任务。但是，劳动者并不能对用人单位的要求听之任之，在其为劳动者安排的加班时间超过了法定长度或者是没有经过法定程序时，劳动者应当懂得用法律保护自己的合法权益。

38. 采用计件方式的用人单位强迫员工加班的，劳动者应该怎么办？

职场在线

程某原来是某公司的员工，后来，该公司因资金无法周转而倒闭。程某在失业后，为了减轻丈夫的经济负担，便在当地的某手机配件厂找到了一份工作。在程某与手机配件厂签订的劳动合同中，约定按照计件形式支付工资。在程某工作后，由于手机配件厂接了一笔非常大的订单，因此，该厂的经理便要求程某等人加班工作。原来工厂只要求程某等人每天完成200部手机配件，而现在该厂将程某等人每天完成的数量提高到300件。为了完成厂里规定的任务，程某等人需要每天至少加班三个小时。后来，由于该厂经理认为时间非常紧，因此，又将每天的工作任务提高到每天完成350件，并称如果不能完成任务，就不会给他们发工资。对此，程某等人认为这个任务根本无法完成。但是，他们又不知道应该怎么办。

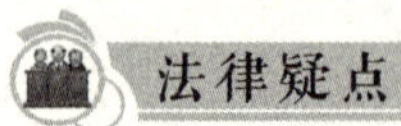

法律疑点

采用计件方式的用人单位强迫员工加班的，劳动者应该怎么办？

法律分析

采用计件方式的用人单位强迫员工加班的，劳动者应当依据法律规定维护自己的合法权益。

根据《劳动法》第三十六条、第四十一条的规定，我国实行劳动者每日工作时间不超过八小时，平均每周工作时间不超过四十四小时的标准工时制度。这一标准工时制度适用于中华人民共和国境内的国家机关、社会团体、企业、事业单位以及其他组织的职工。如果劳动者与用人单位实行计件工资，用人单位同样应该遵守上述时间规定来合理安排劳动者每天的工作量，并确定计件报酬。而且，要安排职工加班时，必须和工会与劳动者协商，只有征得劳动者同意后，才能执行，用人单位不能强迫劳动者加班加点。同时，根据该法第四十四条规定，用人单位安排劳动者延长时间的，应当支付不低于工资的百分之一百五十的工资报酬。

对于实行计件工资的用人单位，在实行新的工时制度下应既能保证劳动者享受缩短工时的待遇，又尽量保证劳动者的计件工资收入不减少。如果适当调整劳动定额，在保证劳动者计件工资收入不降低的前提下，计件单价可以不作调整；如果调整劳动定额有困难，就应该考虑适当调整劳动者计件单价，以保证收入不减少。

在上面的案例中，手机配件厂要求程某等人加班工作，未按照法律规定的程序与工会和劳动者协商，并且多次提高劳动定额，超出了每天能完成的工作量，导致程某等人为了完成任务而加班加点，该行为违反了法律规定。因此，根据上述法律规定，程某等人超出正常工作时间提供的那部分劳动，有权要求手机配件厂按照约定的计件工资标准的150%来支付其在加班加点期间完成的工作的报酬。对于手机配件厂的行为，程某等人可以与手机配件厂进行协商，要求其减少加班时间，如果协商不成，可以向劳动争议仲裁委员会申请劳动仲裁。

条文链接

《中华人民共和国劳动法》

第三十六条　国家实行劳动者每日工作时间不超过八小时、平均每周工作时间不超过四十四小时的工时制度。

第四十一条　用人单位由于生产经营需要，经与工会和劳动者协商后可以延长工作时间，一般每日不得超过一小时；因特殊原因需要延长工作时间的，在保障劳动者身体健康的条件下延长工作时间每日不得超过三小时，但是每月不得超过三十六小时。

第四十四条　有下列情形之一的，用人单位应当按照下列标准支付高于劳动者正常工作时间工资的工资报酬：

（一）安排劳动者延长时间的，支付不低于工资的百分之一百五十的工资报酬；

（二）休息日安排劳动者工作又不能安排补休的，支付不低于工资的百分之二百的工资报酬；

（三）法定休假日安排劳动者工作的，支付不低于工资的百分之三百的工资报酬。

职场人生

加班加点是我们劳动者在工作中经常遇到的现象。而对于加班加点的相关规定，也一样适用于采用计件方式计算工资的劳动者，尤其是对于现实生活中出现的部分用人单位为了完成工作任务，强迫劳动者加班的现象。劳动者在面对此种情形时，不能对其听之任之，要懂得运用法律保护自己的合法权益。

39. 法律对于非全日制用工的工作时间是怎样规定的？

职场在线

项某原来是某百货公司的导购员。后来，其因生病而从百货公司辞职。经过一年的治疗后，项某痊愈。项某觉得自己的身体已经恢复，而且整天在家里也非常无聊，在询问过医生之后，医生称项某可以继续工作。因此，项某便决定找一份工作。经过朋友介绍，项某在当地的某个餐厅找了一份洗碗的工作，与该公司签订了非全日制用工合同。合同约定，项某每天工作5个小时，每月工资2000元，一个月结一次工资。因为每天只工作五个小时，所以，项某认为这份工作非常合适，而且工资待遇也不错。但是，在她回家后，与丈夫说起了工作，项某的丈夫听到后，称她与餐厅签订非全日制用工合同的劳动时间不符合法律规定。

法律疑点

法律对于非全日制用工的工作时间是怎样规定的？

法律分析

非全日制用工的劳动时间平均每日不得超过四小时，每周累计不得超过二十四小时。

非全日制用工，与一般的劳动合同关系有显著的不同。其中，较为明显的就是劳动时间的不同。按照我国《劳动合同法》第六十八条的规定，非全日制用工的劳动时间平均每日不得超过四小时，每周累计不得超过二十四小时。法律没有明确规定非全日制用工者每天都要工作，只是对每天工作时间的上限作出了规定。此外，需要注意的是，这里规定的工作时间是指在同一用人单位累计的工作时间。也就是说，非全日制用工可以每天在一个或一个以上的用人单位工作，工作时间按照法律规定的执行即可。

把非全日制用工纳入劳动合同法的调整范围，有利于完善我国的劳动合同制度，有利于维护这部分劳动者的合法权益。非全日制劳动是灵活就业的一种重要形式，它适应企业降低人工成本、推进灵活用工的客观需要。非全日制用工与全日制用工相比，尽管工作时间长短不同，具体适用规则不同，但是不管是非全日制用工还是全日制用工，劳动者与用人单位之间形成的都是劳动关系。法律为了避免用人单位利用非全日制用工的形式侵犯劳动者的合法权益，对非全日制用工的工作时间进行了严格限制。

在上面的案例中，项某丈夫的说法是正确的。根据上述法律规定，非全日制用工的工作时间每天不能超过四小时。而餐厅在与项某签订的劳动合同中约定的是每天工作五小时，已经超过了法律规定的非全日制用工的时间限度。因此，具体到本案中，餐厅与项某约定的工作时间是不符合法律规定的。

条文链接

《中华人民共和国劳动合同法》

第六十八条 非全日制用工，是指以小时计酬为主，劳动者在同一用人单位一般平均每日工作时间不超过四小时，每周工作时间累计不超过二十四小时的用工形式。

职场人生

非全日制用工是日常工作中用人单位经常采用的一种用工形式。作为非全日制用工中的劳动者需要注意，非全日制用工每天的工作时间是有严格限制的，一般平均每天不能超过四个小时，一旦超过四个小时，该用工方式应该转变为全日制用工。

第五章

工伤认定与处理

40. 工伤保险待遇具体包括哪些内容？是否包括伤残待遇？

职场在线

李某是某装修公司的工人。一次，李某在为客户装修房屋时，不慎从楼上摔下来。经过抢救，李某脱离了生命危险。但是，李某的右手因摔伤过重，已经失去知觉，无法再正常活动。住院期间，李某所在的公司为其申请了工伤认定。后来，李某在工作中所受的伤害被认定为工伤，享受工伤保险待遇。因为李某的右手已经致残，被鉴定为四级伤残。因此，李某的家人认为李某还应当享受伤残待遇。当李某的一个亲戚到医院看望李某时，李某说起了自己的工伤保险待遇，并说自己不清楚工伤保险待遇中是否包括伤残待遇。此时，李某的亲戚告诉他，工伤保险待遇中已经包含了伤残待遇。

法律疑点

工伤保险待遇具体包括哪些内容？其中包括伤残待遇吗？

法律分析

工伤保险待遇包括：工伤医疗待遇、伤残待遇和死亡待遇。其中包含了伤残待遇。

参保单位按月足额缴纳工伤保险费后，从缴费的次月起，参保人员按规定享受工伤保险待遇。不按时足额缴纳工伤保险费的，从欠缴次月起工伤保险待遇由参保单位承担，工伤保险基金不予支付。根据《工伤保险条例》第三十条、第三十四条、第三十五条以及第三十九条的规定，工伤保险待遇包括下列内容：（1）工伤医疗待遇。工伤医疗待遇包括医疗费用、住院治疗的伙食补助费、交通费、食宿费以及康复费用等；（2）伤残待遇。伤残待遇主要是指生活护理费、伤残补助金、伤残津贴等；（3）死亡待遇。死亡待遇是职工因工死亡，其近亲属按照规定从工伤保险基金领取丧葬补助金、供养亲属抚恤金和一次性工亡补助金。

职工因工受伤，可以享受工伤保险待遇，工伤保险待遇的内容由法律作出具体规定。此外，职工应按伤残等级确定工伤待遇，伤残等级越高，其待遇越高。这样的规定主要是为了根据职工具体的伤残情况给予其合理的待遇，以维持职工的基本生活。

具体到本案中，李某因工受伤，并被鉴定为四级伤残。因此，根据上述法律规定，李某可以享受工伤医疗待遇和伤残待遇。所以，李某亲戚的说法是正确的，李某在申请工伤认定后，工伤待遇中已经包括了伤残待遇，其无须再申请伤残待遇。

条文链接

《工伤保险条例》

第三十条　职工因工作遭受事故伤害或者患职业病进行治疗，享受工伤医疗待遇。

……

职工住院治疗工伤的伙食补助费，以及经医疗机构出具证明，报经办机构同意，工伤职工到统筹地区以外就医所需的交通、食宿费用从工伤保险基金支付，基金支付的具体标准由统筹地区人民政府规定。

……

工伤职工到签订服务协议的医疗机构进行工伤康复的费用，符合规定的，从工伤保险基金支付。

第三十四条 工伤职工已经评定伤残等级并经劳动能力鉴定委员会确认需要生活护理的，从工伤保险基金按月支付生活护理费。

生活护理费按照生活完全不能自理、生活大部分不能自理或者生活部分不能自理3个不同等级支付，其标准分别为统筹地区上年度职工月平均工资的50%、40%或者30%。

第三十五条 职工因工致残被鉴定为一级至四级伤残的，保留劳动关系，退出工作岗位，享受以下待遇：

（一）从工伤保险基金按伤残等级支付一次性伤残补助金……

（二）从工伤保险基金按月支付伤残津贴……

（三）工伤职工达到退休年龄并办理退休手续后，停发伤残津贴，按照国家有关规定享受基本养老保险待遇，基本养老保险待遇低于伤残津贴的，由工伤保险基金补足差额。

……

第三十九条 职工因工死亡，其近亲属按照下列规定从工伤保险基金领取丧葬补助金、供养亲属抚恤金和一次性工亡补助金：

……

职场人生

职工因工受伤，可以享受工伤保险待遇，但是，职工所享受的工伤保险待遇的高低会因其所受伤害的情况不同而有所差别。劳动者在遭受工伤后，要根据自己所受工伤的情形来确定应当享有哪些待遇。

41. 工伤保险费用是否需要职工个人交纳？

职场在线

唐某是某大学市场营销专业的一名学生，毕业后，唐某应聘到某公司的市场部工作。在被录取后，该公司便准备与唐某签订劳动合同。在签订劳动合同时，唐某发现在劳动合同中除了约定了劳动期限、工资、工作时间等相关内容外，劳动合同中还写明，员工的工伤保险费用由职工个人与公司各负担一半，职工所缴纳的部分由用人单位每月从职工的工资中代扣。对于该项条款，唐某觉得非常奇怪，因为他曾听同学们说，工伤保险费用都是由用人单位进行支付的，从来没有听说过工伤保险需要职工自己缴纳。于是，唐某便就此项条款向公司提出了异议。而该公司的工作人员称，他们公司一直都是规定由员工个人交纳一半工伤保险费。

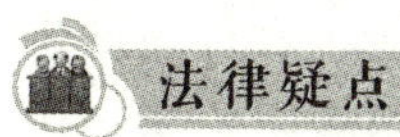

法律疑点

那么，在我国工伤保险费用是否需要职工个人交纳？该公司要求职工个人缴纳一半工伤保险费用的做法是否正确？

法律分析

缴纳工伤保险费用是用人单位的法定义务，职工个人不需要交纳。

我国《工伤保险条例》第十条第一款规定："用人单位应当按时缴纳工伤保险费。职工个人不缴纳工伤保险费。"据此可知，根据我国法律规定，用人单位应当按时缴纳工伤保险费，职工个人是无须缴纳工伤保险费用的。用人单位为职工缴纳工伤保险费用是应尽的责任，不能将责任转嫁给职工个人。

为职工缴纳工伤保险费是用人单位的法定义务，在我国，工伤保险费用完全由用人单位负责，该条规定体现了工伤保险遵循的雇主责任原则。即职工的工伤完全由雇主承担缴费责任，职工个人不缴费。这样规定一方面督促用人单位积极采用劳动保护措施，尽到注意义务，保障劳动者的健康和人身安全；另一方面，工伤保险费用由用人单位承担也有利于减轻劳动者的经济负担。因此，法律规定缴纳工伤保险费用的义务由用人单位负担。

具体到上述案例中，用人单位的做法是错误的。根据上述法律的相关规定，用人单位负有为职工缴纳工伤保险费用的法定义务，职工个人无须承担此项义务。因此，该公司让职工自己缴纳工伤保险费的做法是违反法律规定的。唐某对此向用人单位提出异议的做法是正确的。

条文链接

《工伤保险条例》

第十条第一款　用人单位应当按时缴纳工伤保险费。职工个人不缴纳工伤保险费。

职场人生

劳动者在参加工作时，需要参加工伤保险、养老保险等社会保险。而参加这些保险所需的费用由于其性质的不同，缴纳费用的主体也是不同的。在这些社会保险费用中，作为劳动者，我们有依法缴纳部分保险费用的义务。对于工伤保险费用，需要劳动者注意的是，工伤保险费用与养老保险费用不同，职工个人不缴纳工伤保险费。在实际工作中，我们劳动者应当明确哪些费用是需要由自己承担的，需要个人缴纳的部分，我们应当按照规定依法履行缴费义务。反之，不需要自己承担的费用，在用人单位要求缴纳时，也要予以拒绝。

42. 不是上下班必经路线遭到意外而受伤，可以认定为工伤吗？

职场在线

袁某在大学毕业后，便到某广告公司工作。由于其平时对工作认真负责，而且工作能力非常强，因此，在工作了五年后，袁某升任为该公司设计部门的经理。一次，袁某下班后开车到超市买东西，买完东西后，便直接从超市开车回家。回家的路上，在经过一个十字路口时，袁某因对方车辆超速行驶而发生交通事故，导致腰椎受伤。后交警认定本次事故由对方承担主要责任。于是，袁某在康复后便申请工伤认定。但是，公司认为，由于袁某所走的并不是上下班的必经之路，所以，袁某所受的伤不能认定为工伤。袁某在听到公司的回答后，认为公司的说法并不正确，因为其曾经听别人说过，像自己的这种情形是可以认定为工伤的。

法律疑点

不是上下班必经路线遭到意外而受伤，可以认定为工伤吗？

法律分析

劳动者不是在上下班必经路线遭到意外而受伤，也可以认定为工伤。

我国《工伤保险条例》规定，在上下班途中，受到非本人主要责任的交通事故或者城市轨道交通、客运轮渡、火车事故伤害的，应当认定为工伤。对于上下班必经路线的问题，《最高人民法院关于审理工伤保险行政案件若干问题的规定》第六条作出了规定，根据该条第三项的规定，从事属于日常工作生活所需要的活动，且在合理时间和合理路线的上下班途中属于“上下班途中”。据此可知，即便劳动者不是在上下班必经路线遭受意外伤害，但其从事的是属于日常工作生活所需要的活动，那么也应当认定为工伤。

法律对职工“上下班途中”作出明确规定，不仅为认定上下班路上受伤是否为工伤提供了有力的依据，也为劳动者依法维权提供了法律依据。而法律之所以将一些情形认定为“上下班途中”，是因为这些情形都是我们在日常生活中经常从事的一些活动，像上下班路上看望父母、子女或者是到超市购物等。因此，法律规定在这些情况下劳动者所遭受的伤害也应被认定为工伤。

在上面的案例中，袁某虽然不是在自己上下班的必经之路遭受意外伤害，但是，其是在下班时间内到超市买东西。因此，袁某的情况属于“从事属于日常工作生活所需要的活动，且在合理时间和合理路线的上下班途中”，应当认定为“上下班途中”。而且发生交通事故并不是袁某承担主要责任，所以，袁某所遭受的伤害是可以申请认定为工伤的。

条文链接

《工伤保险条例》

第十四条　职工有下列情形之一的，应当认定为工伤：

……

（六）在上下班途中，受到非本人主要责任的交通事故或者城市轨道交通、客运轮渡、火车事故伤害的；

……

《最高人民法院关于审理工伤保险行政案件若干问题的规定》

第六条　对社会保险行政部门认定下列情形为“上下班途中”的，人民法院应予支持：

（一）在合理时间内往返于工作地与住所地、经常居住地、单位宿舍的合理路线的上下班途中；

（二）在合理时间内往返于工作地与配偶、父母、子女居住地的合理路线的上下班途中；

（三）从事属于日常工作生活所需要的活动，且在合理时间和合理路线的上下班途中；

（四）在合理时间内其他合理路线的上下班途中。

职场人生

劳动者在日常工作中，或者是上下班途中遭受伤害时，一般情况下都属于工伤。而有时劳动者可能在上下班时去购物或者是探望亲友等，如果因此而发生交通事故时，即便我们走的不是上下班的必经路线，但从事这些日常活动是情理之中的。此时，我们所受伤害也是符合工伤的认定条件的。

43. 劳动者在上班期间因干私活所受伤害是否可以认定为工伤？

职场在线

老王是一名农机厂机修车间的资深工人，其已经在该厂工作了近20年。由于是熟手，所以在上班时间，老王的工作是非常清闲的，其平时主要的任务就是指导其他工人工作。一天，老王觉得生产任务不是很重，在闲下来的时候，他想到自己家的菜刀坏了，因此便想利用闲暇时间做一把菜刀，这样就不用花钱去买了。可是，他在用砂轮机打磨菜刀的时候，因为不小心，老王的右手手指受到重创，中指被砂轮机铰断。老王在受伤之后，花去了巨额医疗费。为此，老王向农机厂提出申请工伤认定。但是，农机厂认为老王是在自己干私活的时候受伤的，不但不能认定为工伤，而且其行为违反了工厂的管理规定。

法律疑点

劳动者在上班期间因干私活所受的伤害是否可以认定为工伤？

法律分析

劳动者在上班期间因干私活所受的伤害不能认定为工伤。

《工伤保险条例》第十四条规定，职工有下列情形之一的，应当认定为工伤：（1）在工作时间和工作场所内，因工作原因受到事故伤害的；（2）工作时间前后在工作场所内，从事与工作有关的预备性或者收尾性工作受到事故伤害的；（3）在工作时间和工作场所内，因履行工作职责受到暴力等意外伤害的；（4）患职业病的；（5）因工外出期间，由于工作原因受到伤害或者发生事故下落不明的；（6）在上下班途中，受到非本人主要责任的交通事故或者城市轨道交通、客运轮渡、火车事故伤害的；（7）法律、行政法规规定应当认定为工伤的其他情形。据此可知，劳动者在从事与本单位工作有关的活动时所受到的伤害才能认定为工伤。如果其因干私活而受到伤害，即便是在上班期间，那么也是不能认定为工伤的。

认定工伤需要具备工作时间、工作场所两个要素，劳动者在工作时间与场所均具备的条件下，如果不是从事工作任务，不能认定为工伤。法律作出这样的规定，可以督促劳动者在工作期间认真履行劳动义务，保证工作效率，进而也保护了用人单位的合法权益。否则，如果规定劳动者从事私活也能认定为工伤，则会扩大用人单位的责任范围，对用人单位而言是不公平的。

具体到本案中，根据上述法律规定，老王在工作期间干私活，其所从事的行为并不属于认定工伤的情形。所以，老王在工作期间干私活所遭受的伤害不能认定为工伤，农机厂的说法是正确的，老王所受的伤害应该由他自己负责，用人单位对此不需要承担责任。

条文链接

《工伤保险条例》

第十四条 职工有下列情形之一的，应当认定为工伤：

（一）在工作时间和工作场所内，因工作原因受到事故伤害的；

（二）工作时间前后在工作场所内，从事与工作有关的预备性或者收尾性工作受到事故伤害的；

（三）在工作时间和工作场所内，因履行工作职责受到暴力等意外伤害的；

（四）患职业病的；

（五）因工外出期间，由于工作原因受到伤害或者发生事故下落不明的；

（六）在上下班途中，受到非本人主要责任的交通事故或者城市轨道交通、客运轮渡、火车事故伤害的；

（七）法律、行政法规规定应当认定为工伤的其他情形。

职场人生

劳动者在工作中受到伤害时，如果其从事的是与单位工作有关的活动，那么是可以认定为工伤的。但是，需要劳动者注意的是，并不是只要在上班期间，在工作场所内所从事的任何活动所受的伤害都能认定为工伤。在认定工伤时，考量的不仅仅是工作时间、工作场所，更要考量其所从事的活动是否与单位的工作有关。

44. 劳动者在外学习，休息期间受伤是否可以认定为工伤?

职场在线

张某是某重点大学工商管理专业的学生。其在毕业后，凭借着自己较强的沟通能力在某科技公司应聘成功。入职后，该公司领导觉得张某的工作能力非常强，但是，由于其刚刚入职，工作经验不是非常丰富，而此时，公司有一个到上海学习培训的名额。因此，公司便指派张某到上海进行为期一个月的学习培训。培训期间，张某在休息时间到酒店附近的公园散步时，由于当天刚刚下过雨，地面非常滑，导致张某摔倒受伤，右臂骨折。为此，张某花去近1万元的医疗费。在痊愈出院之后，张某向公司申请工伤认定。但是，公司认为张某是在外出学习休息期间受伤，不能认定为工伤。

法律疑点

劳动者在外学习，休息期间受伤是否可以认定为工伤?

法律分析

劳动者在外学习，休息期间受伤不能认定为工伤。

根据《工伤保险条例》第十四条第五项规定，职工因工外出期间，由于工作原因受到伤害或者发生事故下落不明的，应当认定为工伤。但是劳动者在外出学习休息期间受伤的，能否认定为工伤，应参照《最高人民法院关于审理工伤保险行政案件若干问题的规定》的规定。根据该规定第五条，职工因工外出期间从事与工作或者受用人单位指派外出学习、开会无关的个人活动受到伤害，社会保险行政部门不认定为工伤的，人民法院应予支持。由此可见，劳动者在外出学习休息期间受伤，属于“职工因工外出期间从事与工作或者受用人单位指派外出学习、开会无关的个人活动受到伤害”，不能认定为工伤。

劳动者能否被认定为工伤，必定与“工”字存在些许的联系，否则，将职工在所有活动期间内的所有行为所带来的伤害都算作工伤的话，势必会产生不公平，法律也绝不允许这样的规定存在。所以，劳动者在外出学习休息期间，劳动者并未从事与工作相关的活动，因此，是不能认定为工伤的。法律作出如此规定，有利于实现劳动者与用人单位双方在劳动中的平等地位，也是公平原则的体现。

在上面的案例中，张某接受公司的指派外出学习，虽然其是因工外出，但是，其受伤是在休息期间，并未从事与工作职责有关的活动。因而，张某并非工作原因而受伤，是不能认定为工伤的。所以，该公司的说法是正确的，即使张某申请认定工伤，社会保险行政部门也不会认定其所受伤害为工伤。

条文链接

《工伤保险条例》

第十四条 职工有下列情形之一的，应当认定为工伤：

……

（五）因工外出期间，由于工作原因受到伤害或者发生事故下落不明的；

……

《最高人民法院关于审理工伤保险行政案件若干问题的规定》

第五条 社会保险行政部门认定下列情形为“因工外出期间”的，人民法院应予支持：

（一）职工受用人单位指派或者因工作需要在工作场所以外从事与工作职责有关的活动期间；

（二）职工受用人单位指派外出学习或者开会期间；

（三）职工因工作需要的其他外出活动期间。

职工因工外出期间从事与工作或者受用人单位指派外出学习、开会无关的个人活动受到伤害，社会保险行政部门不认定为工伤的，人民法院应予支持。

职场人生

在实际工作中，劳动者接受用人单位的指派外出学习或者开会是比较常见的。而劳动者在这期间所受伤害如果是因履行工作职责导致的，则应当被认定为工伤。相反，如果其在出差期间从事个人活动时所受伤害则不能被认定为工伤。对此，劳动者要有所了解，不能认为只要因工出差受到伤害就归责于用人单位。

45. 劳动者在申请工伤认定时需要准备哪些材料？

付某在大学毕业之后，到某五星级酒店工作。由于其工作一直非常认真，在工作了三年后，付某便成为该酒店的项目经理。一次，付某代表酒店到当地的某个地方去和客户谈合作情况。在见完客户后，付某开车回公司经过一个路口时，因有车辆闯红灯而与之相撞发生交通事故。在此次事故中，付某身受重伤，经过及时抢救脱离了生命危险，但是，医生说其仍然需要长时间的休养。在付某住院期间，其准备申请工伤认定。由于行动不便，付某便请父母代自己申请。可是，付某并不清楚申请工伤认定需要提交哪些材料。

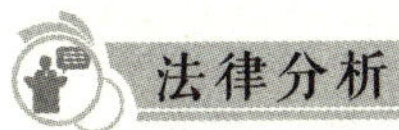

法律疑点

劳动者在申请工伤认定时需要准备哪些材料？

法律分析

劳动者在申请工伤认定时需要准备申请表、劳动关系证明以及医院诊断证明等材料。

劳动者在工作时受到伤害一定要在法定的期限内提出工伤认定申请，根据我国《工伤保险条例》第十八条的规定，申请工伤认定时，应当提前准备好下列材料：一是工伤认定申请表；二是能够证明雇佣双方存在劳动关系的证明。如果双方签订了劳动合同，需要准备劳动合同文本复印件；如果双方没有签订书面劳动合同，则需要提供能够证明和单位之间存在劳动关系的其他证明，如工作证、工资条等；三是医疗诊断证明或者职业病诊断证明书。需要注意的是，这里的诊断证明必须是当地劳动行政部门指定医疗机构的医疗诊断证明或者职业病诊断证明书；外出务工人员还应提供本人身份证明。

申请工伤认定需要经过严格的、正规的程序，在这一过程中，申请人需要按照要求提供相关的资料和证明文件。其中《工伤保险条例》规定的几项材料是必需的，如果是职工家属代替其提出申请，还需提供其他的证明资料，如亲属证明等。法律对劳动者申请工伤认定需要提交的材料作出明确规定，可以使劳动者明确自己在申请工伤认定时应当提交哪些证明，使得具体的程序更加规范。

在上面的案例中，付某在工作中因交通事故而受伤，所以，其如果准备让父母代替自己提出工伤认定申请，除了需要提交法律规定的三种材料外，还需要提交公安交通部门出具的责任认定书或者相关处理证明。此外，因为付某是让父母代替其提出工伤认定，因此，其还需要提交工伤委托证明、亲属关系证明。如果是企业工会组织代表工伤职工提出工伤申请认定，应同时提交企业工会介绍信、办理人身份证明等材料。

条文链接

《工伤保险条例》

第十八条　提出工伤认定申请应当提交下列材料：

（一）工伤认定申请表；

（二）与用人单位存在劳动关系（包括事实劳动关系）的证明材料；

（三）医疗诊断证明或者职业病诊断证明书（或者职业病诊断鉴定书）。

工伤认定申请表应当包括事故发生的时间、地点、原因以及职工伤害程度等基本情况。

工伤认定申请人提供材料不完整的，社会保险行政部门应当一次性书面告知工伤认定申请人需要补正的全部材料。申请人按照书面告知要求补正材料后，社会保险行政部门应当受理。

职场人生

在职场中，当劳动者遭遇工伤时，认定工伤需要提交一定的书面材料。因此，作为劳动者，我们需要明确在申请工伤认定时需要上交哪些书面证明材料，这样我们才能提前有所准备，避免因材料的不齐全而影响工伤认定的时间。

46. 劳动者需要等到医疗终结后才能申请工伤认定吗？

职场在线

萧某原来是某村村民，主要以种地为生。后来，其在同村村民胡某的介绍下到城里的某钢材公司做搬运工。一次，萧某在卸货时，货车上的钢材倒塌，将萧某砸伤。事故发生后，萧某被及时送往医院，虽然经过及时抢救脱离生命危险，但是，其双腿骨折，同时腰椎也受伤。医院认为，萧某至少要住院治疗三个月才能痊愈。后来，萧某在住院期间，准备申请工伤认定。但是，萧某所在的工作单位称，必须要等到萧某的医疗终结后才能申请工伤认定，因为现在萧某还在医院治疗，很多医疗费用不能确定，所以，无法申请认定工伤。并且该公司称，在萧某痊愈后，公司会马上为他申请工伤认定。

法律疑点

劳动者需要等到医疗终结后才能申请工伤认定吗？

法律分析

劳动者申请工伤认定，并不需要等到医疗终结后再申请。

根据我国《工伤保险条例》第十七条的规定，职工发生事故伤害或者按照职业病防治法规定被诊断、鉴定为职业病，所在单位应当自事故伤害发生之日或者被诊断、鉴定为职业病之日起三十日内，向统筹地区社会保险行政部门提出工伤认定申请。遇有特殊情况，经报社会保险行政部门同意，申请时限可以适当延长。据此可知，在职工因为工作受到事故伤害后，其所在单位应当从事故发生之日起的三十日内向当地的社会保险行政部门申请工伤认定，而不能等到医疗终结后再申请。

医疗终结是确定病情痊愈或者伤残的依据。职工工伤或者患职业病的医疗终结，必须经指定的医疗机构或者职业病防治机构认定。为了妥善处理职工工伤或者患职业病的医疗期，使劳动能力鉴定工作正常开展，有的地区结合实践制定了具体的医疗终结鉴定标准，对医疗终结时间、医疗终结标准作出了具体规定。

具体到本案中，萧某所在工作单位应当从萧某发生意外事故之日起三十日内向劳动行政部门申请工伤认定，不能等到萧某医疗终结后再申请。萧某的医疗期终结可能需要较长的时间，此时，已经超过了法律规定的工伤申请的时间。所以，该公司应当马上向社会保险行政部门提出申请。

条文链接

《工伤保险条例》

第十七条　职工发生事故伤害或者按照职业病防治法规定被诊断、鉴定为职业病，所在单位应当自事故伤害发生之日或者被诊断、鉴定为职业病之日起30日内，向统筹地区社会保险行政部门提出工伤认定申请。遇有特殊情况，经报社会保险行政部门同意，申请时限可以适当延长。

用人单位未按前款规定提出工伤认定申请的，工伤职工或者其近亲属、工会组织在事故伤害发生之日或者被诊断、鉴定为职业病之日起1年内，可以直接向用人单位所在地统筹地区社会保险行政部门提出工伤认定申请。

按照本条第一款规定应当由省级社会保险行政部门进行工伤认定的事项，根据属地原则由用人单位所在地的设区的市级社会保险行政部门办理。

用人单位未在本条第一款规定的时限内提交工伤认定申请，在此期间发生符合本条例规定的工伤待遇等有关费用由该用人单位负担。

职场人生

在职场中，部分劳动者错误地认为，必须在医疗终结后才能申请认定工伤。于是，职工患有工伤或职业病，为了能及时进行工伤认定申请，往往会过早地终结医院治疗。对此，需要劳动者明确，工伤认定并不一定要在医疗终结后才能申请。在事故发生后，劳动者应当要求用人单位马上为自己申请工伤认定，而这也并不影响自己在医院的治疗，并不需要为了申请工伤认定而提早结束治疗。

47. 劳动能力鉴定是否可以由工伤职工的近亲属代为申请?

职场在线

梁某是某建筑公司的工人，其经常跟随工程队在工地上工作。一天，梁某在工作时，不小心被工地上掉下来的一块楼板砸伤。后经过诊断，梁某的双腿被砸断，而且其内脏也受到了一定程度的伤害。医生认为，即使梁某能够痊愈，他的劳动能力也会受到影响，以后不能再从事体力劳动。梁某的妻子在听到之后，非常伤心。由于梁某的劳动能力受到影响，梁某的妻子经过咨询，要求用人单位向相关部门申请劳动能力鉴定。但是，用人单位称自己没有义务为其申请劳动能力鉴定，而且梁某自己也存在过错，没有尽到应有的注意义务，因此，拒绝为梁某申请劳动能力鉴定。在被用人单位拒绝后，梁某的妻子准备自己代替梁某向相关部门申请劳动能力鉴定，但是，其并不清楚自己是否可以提出申请。

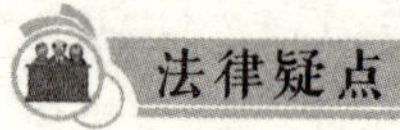

法律疑点

劳动能力鉴定是否可以由工伤职工的近亲属代为申请？

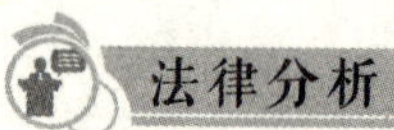

法律分析

劳动能力鉴定可以由工伤职工的近亲属代为申请。

根据我国《工伤保险条例》第二十一条规定，职工发生工伤，经治疗伤情相对稳定后存在残疾、影响劳动能力的，应当进行劳动能力鉴定。同时本条例第二十三条规定，劳动能力鉴定由用人单位、工伤职工或者其近亲属向设区的市级劳动能力鉴定委员会提出申请，并提供工伤认定决定和职工工伤医疗的有关资料。由此可知，劳动者在发生工伤后，如果其劳动能力受到影响，则应当进行劳动能力鉴定。而申请劳动能力鉴定的主体既可以是用人单位，也可以是工伤职工本人或者其近亲属。

法律允许工伤职工的近亲属代为提出劳动能力鉴定的申请，是因为在职工发生工伤后，职工本人可能因病无法自己提出申请，用人单位出于维护自己的利益也拒绝申请，此时，如果不赋予职工的近亲属代为申请的权利，则很可能会因不能及时提出劳动能力的鉴定而损害劳动者的合法权益。所以，申请劳动能力鉴定的主体除了用人单位、职工本人之外，职工的近亲属也有这项权利。

具体到本案中，梁某的公司应当为其向市级劳动能力鉴定委员会提出劳动能力鉴定申请，并给予其相应的工伤赔偿。而该公司却以自己没有义务提出申请予以拒绝的做法是不符合法律规定的。在梁某本人又无法申请劳动能力鉴定的情况下，梁某的妻子可以代替梁某向市级劳动能力鉴定委员会提出劳动能力鉴定的申请。

条文链接

《工伤保险条例》

第二十一条 职工发生工伤，经治疗伤情相对稳定后存在残疾、影响劳动能力的，应当进行劳动能力鉴定。

第二十三条 劳动能力鉴定由用人单位、工伤职工或者其近亲属向设区的市级劳动能力鉴定委员会提出申请，并提供工伤认定决定和职工工伤医疗的有关资料。

职场人生

职工在发生工伤后，可以自己提出劳动能力鉴定，也可以由职工所在公司为其提出。如果职工所在公司拒绝为其提出劳动能力鉴定，而其本人又无法亲自提出的情况下，工伤职工的近亲属可以代替工伤职工向劳动能力鉴定委员会提出劳动能力鉴定申请。

48. 职工因工多处受伤并且伤残等级不同，其伤残等级应怎样认定？

职场在线

汪某是某电器公司负责安装电器的工人。2017年7月，汪某在为某客户安装空调时，不慎从三楼摔下来。在事故发生后，汪某被及时送往医院。虽然经过抢救脱离了生命危险，但是汪某的双臂、颈椎部位骨折，而且头部有脑震荡。经过鉴定，双臂伤残等级为5级，颈椎伤残等级为4级；其头部伤残等级为7级。汪某准备根据此份鉴定报告申请伤残等级认定。可是，在看到鉴定报告之后，汪某发现自己所受工伤的每处鉴定等级都不同，在这种情况下，他并不清楚其伤残等级应该如何进行认定。而且汪某认为伤残等级只能有一个，他非常担心在申请认定时，相关部门会以他所受的比较轻的伤害为认定结果。

法律疑点

职工因工多处受伤并且伤残等级不同，其伤残等级应怎样认定？

法律分析

职工因工多处受伤，且伤残等级不同时，伤残等级应当按照晋级原则认定。

根据《劳动能力鉴定职工工伤与职业病致残等级（GB/T 16180-2014）》的规定："对于同一器官或者系统多处损伤，或一个以上器官不同部位同时受到损伤者，应先对单项伤残程度进行鉴定。如果几项伤残等级不同，以重者定级；如果两项及以上等级相同，最多晋升一级。"据此可知，工伤职工身体多处伤残的，劳动能力鉴定委员会在鉴定的时候，首先要对单项伤残程度分别进行鉴定；如果几项伤残的等级不同，就以最重的等级定级；如果有两项伤残等级相同，可以往上升一级，但最多升一级。

劳动者在工作中多处受伤的，法律规定了晋级原则评定其伤残等级，这样规定，能够使劳动者所受的伤害得到较为合理的认定，使劳动者享受应有的工伤保险待遇，进而保护劳动者的合法权益。

具体到本案中，汪某在工作中其手臂、颈椎、头部等部位受到多处伤害，而且每处的伤残等级经过鉴定后都是不同的，其中双臂伤残等级为5级，颈椎伤残等级为4级，头部伤残等级为7级。根据上述法律规定，几项伤残等级不同，以重者定级。而汪某所受的伤害中，其伤残等级最高的是颈椎，因此，应当以伤残等级最重的定级，即汪某的伤残等级应当认定为4级。

条文链接

《劳动能力鉴定职工工伤与职业病致残等级（GB/T 16180-2014）》

4.2　晋级原则

对于同一器官或者系统多处损伤，或一个以上器官不同部位同时受到损伤者，应先对单项伤残程度进行鉴定。如果几项伤残等级不同，以重者定级；如果两项及以上等级相同，最多晋升一级。

职场人生

职工在工作中受伤，出现不同等级伤残的情况是时有发生的。需要劳动者注意的是，针对这种情况，我国《劳动能力鉴定职工工伤与职业病致残等级（GB/T 16180–2014）》作了相关规定，为了保障工伤职工的合法权益，职工伤残等级不同，则以重者定级，若两项及以上等级相同，则最多可晋升一级。劳动者应当对工伤认定的方法有所了解，以便在发生工伤后懂得如何认定伤残等级，并且在认定出现错误时也可以随时提出异议。

49. 我国劳动能力鉴定的范围是什么？

职场在线

于某从小就非常喜欢画画，其在大学时主修的是建筑设计专业。毕业后，于某在某房地产公司找到了一份薪资待遇非常好的工作。工作后，于某对工作非常认真负责，受到领导的喜爱。然而，天有不测风云。一次，于某在下班开车回家的路上发生交通事故，后经鉴定，对方车辆是醉酒驾驶，负全责。于某在此次交通事故中右手受到严重伤害，医生称她的右手以后无法再正常活动，更不可能再从事设计工作。事故发生后，于某的公司为她申请了劳动能力鉴定。在得知自己以后不能再从事设计工作后，于某非常伤心。后来，于某在出院后，按照医生的建议经常加强康复练习。一年后，于某的右手逐渐康复。为了能够重新工作，于某准备申请劳动能力鉴定。但是，于某的朋友说，她的情况不属于劳动能力鉴定的范围。

法律疑点

请问我国劳动能力鉴定的范围是什么？

法律分析

我国劳动能力鉴定的范围主要包括伤残等级的评定、劳动能力丧失的评定、劳动鉴定争议问题、工伤残情的变化以及其他规定等内容。

根据《工伤保险条例》第二十一条、第二十二条以及其他有关规定，劳动能力鉴定的范围主要是：（1）职工因工负伤致残达到部分丧失劳动能力以上的，需要评定伤残等级的；（2）因工负伤和因病、非因工负伤，达到完全丧失劳动能力，要求退休或退职的；（3）受理劳动鉴定争议案件或疑难问题的处理；（4）上述残情发生变化，需要复查或重新鉴定；（5）受理有关部门委托的其他鉴定。因此，只要劳动者的情况符合上述情形之一，其就可以申请劳动能力鉴定。

劳动能力鉴定是给予受伤害职工保险待遇的基础和前提条件，也是工伤保险管理工作的重要内容。法律规定劳动能力鉴定的范围主要有以下四个方面的意义：（1）作为批准因工、因病和非因工负伤完全丧失劳动能力的劳动者退休、退职的科学依据；（2）劳动能力鉴定所提供的正确结论也是合理调换因工受伤、造成劳动能力不同程度损害的劳动者工作岗位和恢复工作的科学依据；（3）通过劳动能力鉴定工作，确定职工因工致残后丧失劳动能力的程度，为保障受伤害职工享受其合法的物质帮助的基本权利和劳动就业的基本权利提供了依据；（4）是通过劳动能力鉴定工作，对职工是否能认定为工伤或职业病提供了政策、标准依据，也保护了受工伤的职工的合法权益。

具体到本案中，于某在因工受伤申请伤残认定后，经过康复练习，右手逐渐恢复，具备了重新从事设计工作的能力。所以，根据上述关于劳动能力鉴定范围的规定，于某的情况属于第四种情形，其伤残情况在发生变化后，是属于劳动能力鉴定范围内的。因而，于某朋友的说法是错误的，其可以申请劳动能力鉴定。

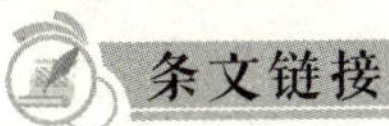

条文链接

《工伤保险条例》

第二十一条　职工发生工伤，经治疗伤情相对稳定后存在残疾、影响劳动能力的，应当进行劳动能力鉴定。

第二十二条　劳动能力鉴定是指劳动功能障碍程度和生活自理障碍程度的等级鉴定。

劳动功能障碍分为十个伤残等级，最重的为一级，最轻的为十级。

生活自理障碍分为三个等级：生活完全不能自理、生活大部分不能自理和生活部分不能自理。

劳动能力鉴定标准由国务院社会保险行政部门会同国务院卫生行政部门等部门制定。

职场人生

我国法律规定如果劳动者在遭受工伤后存有残疾、影响劳动能力的，应当进行劳动能力鉴定。但是，在申请劳动能力鉴定时，劳动者应当明确其所申请的劳动事项是否属于劳动能力鉴定的范围，以避免在申请时发生错误。

50. 劳动者旧伤复发，用人单位能否以存在医疗事故为由而拒绝支付医疗费？

职场在线

林某是某旅行社的导游，2017年3月，林某在乘坐公司的大巴车去接游客的路上发生交通事故，导致其腰椎受到严重伤害，并有轻微脑震荡。林某受伤后，旅行社马上为其申请了工伤认定。在经过三个月的治疗后，林某基本康复。然而，2018年1月，林某在外工作时，感觉到自己的腰疼痛难忍，甚至无法活动。当时，林某的同事马上将其送到了医院。经过诊断，医生称林某的腰疼是上次车祸的腰伤旧伤复发导致的，需要再次住院治疗。因为需要再次住院治疗，因此，林某请求公司支付第二次的治疗费用。但是，该旅行社却以医院治疗不当为由拒绝支付医疗费。

法律疑点

职工旧伤复发，用人单位以存在医疗事故为由而拒付医疗费，这种做法是否合理？

法律分析

工伤职工工伤复发，确认需要治疗的，用人单位不能以存在医疗事故为由而拒付医疗费。

我国《工伤保险条例》第三十八条规定："工伤职工工伤复发，确认需要治疗的，享受本条例第三十条、第三十二条和第三十三条规定的工伤待遇。"由此可见，工伤职工工伤复发的，如果需要再次治疗，其仍然享受法律规定的工伤医疗待遇、伤残待遇等工伤待遇的内容。此时，用人单位不能以存在医疗事故等理由拒绝支付医疗费，其应当承担相应的责任，为职工支付医疗费。即使员工的旧伤复发是因原来医院的医疗措施不当所导致的，用人单位也应寻找相应的证据予以证明，从而向医院进行追偿。

法律规定职工工伤再次复发时，应当享受相应的工伤保险待遇，用人单位不能以存在医疗事故为由拒绝支付医疗费。法律作出这样的规定，是出于保护劳动者的合法权益。在劳动关系中，劳动者一般处于弱势地位，如果允许用人单位以存在医疗事故为由拒绝支付医疗费用，则很可能就会导致用人单位推卸责任，使得旧伤复发的员工不得不自己承担巨额医疗费，从而使其合法权益无法得到保障。

具体到本案中，旅行社的做法是错误的。林某的旧伤复发是因原来所受工伤引起的，因此，根据上述法律规定，其应当享受工伤保险待遇，用人单位不能随意以存在医疗事故为由拒绝支付医疗费用。如果林某的旧伤复发真的是因医院的医疗不当导致的，是否属于医疗诊断的问题，还需由法定的医疗事故鉴定部门认定。如果确实是医疗事故，在支付职工相关费用后，用人单位可以就此向医院索赔。

条文链接

《工伤保险条例》

第三十八条 工伤职工工伤复发，确认需要治疗的，享受本条例第三十条、第三十二条和第三十三条规定的工伤待遇。

职场人生

在职场中，劳动者的工伤在痊愈后，由于各种原因可能会出现复发的现象。如果工伤复发需要治疗，那么，我们劳动者是可以享受法律规定的工伤保险待遇的。但是，如果用人单位以其他理由拒绝支付医疗费用，我们可以与用人单位进行协商；而如果协商不成，我们则应当懂得用法律武器来保护自己的合法权益。

51. 工伤职工在享受工伤保险的同时还可以要求用人单位承担赔偿责任吗?

职场在线

杜某是某钢铁公司炼铁厂的一名工人，一天，该公司炼铁厂的高炉电压保护器的拆除作业过程中，高压柜发生高压放炮事故，当时杜某正在电气车间工作，该事故导致杜某遭受电击而失去双臂。事故发生后，该钢铁公司为杜某申请了工伤保险待遇。但是，杜某认为，此次事故的发生公司也负有不可推卸的责任。因此，杜某要求钢铁公司承担赔偿责任。钢铁公司却说杜某已经享受了工伤保险待遇，所以，他们无须再承担赔偿责任。在钢铁公司拒绝承担赔偿责任后，杜某准备咨询专业人员，并向法院提起民事赔偿诉讼。

法律疑点

工伤职工在享受工伤保险的同时还可以要求用人单位承担赔偿责任吗?

法律分析

因生产安全事故受到损害的工伤职工，除依法享有工伤保险外，还有权向本单位提出赔偿要求。

工伤保险是国家或社会为生产、工作中遭受到生产安全事故任务的劳动者及家属提供的相应医疗救治、生活保障等方面帮助的一种社会保障制度。企业员工在生产过程中遭受安全事故，依照《保险法》及《劳动法》的相关规定，理应获得与之对应的保险金额的赔付。但是，企业作为安全管理责任承担者，也应该对生产安全事故产生的后果进行必要的赔偿。我国《安全生产法》第五十三条明确规定：“因生产安全事故受到损害的从业人员，除依法享有工伤保险外，依照有关民事法律尚有获得赔偿的权利的，有权向本单位提出赔偿要求。”由此可知，在一定的情形下，工伤职工在享受工伤保险的同时还可以要求用人单位承担赔偿责任。

用人单位缴纳费用、职工参加工伤保险的制度有利于生产经营单位分散风险，帮助解决劳动者工伤情况下的相关费用，但因为其赔偿标准并不高，无法弥补受害人及家属的损失，所以并不绝对排除生产经营单位在劳动者遭受工伤时的民事赔偿责任，这是为了确保从业人员在因生产安全事故遭受损害的情况下可以获得充分、合理的赔偿。因此，法律规定，工伤职工在享受工伤保险的同时还可以要求用人单位承担赔偿责任。

具体到本案中，杜某因为安全生产事故而失去双臂，导致残疾，而此次事故的发生是钢铁公司的疏忽导致的，因此，杜某除了可以享受工伤保险待遇外，还可以要求钢铁公司承担民事赔偿责任。钢铁公司以杜某已经享受工伤保险待遇为由而拒绝承担民事赔偿责任的做法是违反法律规定的。

条文链接

《中华人民共和国安全生产法》

第五十三条 因生产安全事故受到损害的从业人员，除依法享有工伤保险外，依照有关民事法律尚有获得赔偿的权利的，有权向本单位提出赔偿要求。

职场人生

在职场中，劳动者遭受工伤后可以享受工伤保险待遇。但是，这并不意味着工伤保险待遇可以代替其他的民事赔偿责任。如果劳动者是因为安全事故而受到损害，其除了可以享有工伤保险待遇外，还可以按照相关的规定向用人单位提出民事赔偿。换言之，工伤保险待遇与劳动者的民事赔偿二者是并不矛盾的。

第六章

养老、医疗、失业、生育保险与住房公积金

52. 劳动者跨省就业时，基本养老保险关系是否随之转移到外省？

职场在线

赵某是河北某地人，他从小就对外面的世界充满了好奇。高考填报志愿时，他决定把湖南省某高校作为第一志愿。后来，他如愿收到了该大学的录取通知书。大学毕业后，他想留到湖南省，就在湖南省长沙市找了一份心仪的工作。工作期间，他兢兢业业，虚心向前辈请教，掌握了很多工作技巧，也积累了丰富的工作经验。但是，近几年来，由于父母愈发年迈需要照顾，他决定辞去湖南省的工作回到河北省找一份新工作。由于他工龄长，经验丰富，回到河北省不久后，他就顺利地找到了一份工作，公司领导也非常欣赏他。现在，他比较关心的问题是以前交纳的基本养老保险是否会随之转移到河北省。

法律疑点

辞职到外省工作的劳动者，基本养老保险关系是否随之转移到外省呢？

法律分析

劳动者辞职去外省工作的，基本养老保险关系会随之转移到外省。

根据我国《社会保险法》第十九条以及《城镇企业职工基本养老保险关系转移接续暂行办法》第三条的规定，基本养老保险关系是随着本人转移的。也就是人到哪儿，社保关系就跟到哪儿。一般各地区都会有相关的文件规定，参保人员跨省流动就业的，由原参保所在地社会保险经办机构开具参保缴费凭证，其基本养老保险关系应随同转移到新参保地。达到基本养老保险待遇领取条件的，其在各地的参保缴费年限合并计算，个人账户储存额（含本息，下同）累计计算。未达到待遇领取年龄前，不得终止基本养老保险关系并办理退保手续。

法律之所以作出这样的规定，主要是为了使劳动者的养老保险关系不会因工作地点的变动而中断，保障劳动者能够得到切实的保障。如此人性化的制度设计，足以彰显国家对劳动者合法权益的保护。

然而，现实生活中，像本案这种情况时常会发生，我们难免会到不同的地方另寻工作。不过，赵某的担心也是多余的，只要赵某按照规定办理好手续就可以将养老保险连续起来。

条文链接

《中华人民共和国社会保险法》

第十九条 个人跨统筹地区就业的，其基本养老保险关系随本人转移，缴费年限累计计算。个人达到法定退休年龄时，基本养老金分段计算、统一支付。具体办法由国务院规定。

《城镇企业职工基本养老保险关系转移接续暂行办法》

第三条 参保人员跨省流动就业的，

由原参保所在地社会保险经办机构（以下简称社保经办机构）开具参保缴费凭证，其基本养老保险关系应随同转移到新参保地。参保人员达到基本养老保险待遇领取条件的，其在各地的参保缴费年限合并计算，个人账户储存额（含本息，下同）累计计算；未达到待遇领取年龄前，不得终止基本养老保险关系并办理退保手续；其中出国定居和到香港、澳门、台湾地区定居的，按国家有关规定执行。

职场人生

现在的年轻人会因为各种原因调换工作，甚至是在不同地域之间来回变动工作，那么，大家最担心的就是，工作变动之前所交的养老保险算不算数？答案是肯定的，劳动者新换到外地工作时，其基本养老保险关系也会随之转移到外省。因此，当劳动者遇到变动工作地点的情况时，应当根据各地区的具体规定办理养老保险的转移手续，从而使养老保险关系得以连续。

53. 员工被公司解聘后，能否要回已经缴纳的基本养老保险？

职场在线

大学生王某是独生女，父母一直对她娇生惯养，导致她生性懒惰，好逸恶劳。由于她学习不努力，高考分数并不理想，最后只好去一所专科学校就读。大学毕业后，她在甲公司谋得一份工作，双方还签订了一份为期三年的劳动合同。王某入职后，上司发现她工作拖沓，而且总是迟到早退。负责人多次找到王某，要求她改正错误，她虽然随声应和，但是并未采取任何行动。后来，由于她工作疏忽，还给公司造成了一笔不小的经济损失。上司对她忍无可忍，决定提前解除与她的劳动合同。王某同意解除劳动合同，但是要求公司取出基本养老保险并退还给她。

法律疑点

职工被解聘后能要回自己已交的基本养老保险费吗？

法律分析

职工被公司解聘的，不得要回已经缴纳的基本养老保险。

根据《劳动和社会保障部关于完善城镇职工基本养老保险政策有关问题的通知》（劳社部发〔2001〕20号）第二条的规定，“职工与企业解除或终止劳动关系后，职工养老保险关系应按规定保留，由社会保险经办机构负责管理。……”可见，职工无论是主动辞职还是被单位解聘，养老保险关系会暂时保留，并交由专门的机构负责管理。所以说，职工不得取回已经缴纳的基本养老保险费。

职工养老保险属于社会保险的一部分，职工养老保险可以使劳动者因年老时劳动收入减少而获得一定的经济补偿，继而使劳动者能够享受基本的生活保障。从这一角度分析，养老保险关系的持续对职工享受养老保险待遇至关重要。因此，法律规定职工与原单位的劳动关系中断的，职工不得取回养老保险。劳动者再次就业后，养老保险关系并不会中断，而是继续生效，这样才能最大限度地保障劳动者的养老保险权益。

本案中的王某虽然与公司解除了劳动关系，但其基本养老保险个人账户并不因劳动关系的解除而消失。王某的基本养老保险个人账户将由社会保险经办机构继续管理，包括缴费年限、缴费金额等缴费的基本情况也会被记录在案，只是原公司不再为其缴费。王某的基本养老关系暂时中断，待其重新工作后，仍可以继续参加基本养老保险，基本养老保险关系中断前后的缴费年限可以相加累计。因此，王某被解聘后，已交的基本养老保险不能要回。

《劳动和社会保障部关于完善城镇职工基本养老保险政策有关问题的通知》

二、职工与企业解除或终止劳动关系后，职工养老保险关系应按规定保留，由社会保险经办机构负责管理。国有企业下岗职工协议期满出中心时，实行劳动合同制以前参加工作、年龄偏大且接近企业内部退养条件、再就业确有困难的，经与企业协商一致，可由企业和职工双方协议缴纳养老保险费，缴费方式、缴费期限、资金来源、担保条件及具体人员范围等按当地政府规定执行。失业人员实现再就业，新的用人单位必须与其签订劳动合同，并按规定参加养老保险。自谋职业者及采取灵活方式再就业人员应继续参加养老保险，有关办法执行省级政府的规定。

职场人生

由于职工在劳动关系中断期间，养老保险关系仍然存留，因此用人单位解除与职工的劳动关系后，职工应当尽快找到新工作，使养老保险缴纳年限继续计算，从而在年老时享受丰厚的养老保险待遇。劳动者一定要重视自己的养老保险关系的存续、缴费情况、缴费年限等，更换工作时，要尽快衔接好养老保险关系。

54. 因用人单位的原因未给职工缴纳养老保险的，可以事后补缴吗？

职场在线

郑某大学期间主修国际贸易专业，且成绩优异。毕业后，他决定去外企从事贸易专员的工作。后来，他顺利地通过了甲外企的面试。郑某入职时，甲企业与他签订了一份劳动合同，该劳动合同并未提及养老保险的缴纳问题。郑某为了保住工作机会，未对此提出异议。入职半年以后，他发现公司依旧没有为他缴纳养老保险。当郑某询问相关负责人时，负责人答复道：本企业是外企无须为职工缴纳养老保险。通过上网查询资料，郑某发现根据我国相关法律的规定，外企依然需要为职工缴纳养老保险。因此，他认为自己所在外企的做法是违法的，理应为职工补缴养老保险费。

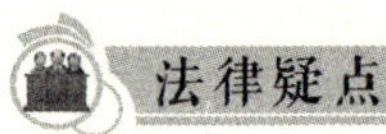

法律疑点

因用人单位的原因未能给职工缴纳养老保险的，可以事后补缴吗？

法律分析

因用人单位的原因不给职工缴纳养老保险的，事后应当及时地补缴。

根据我国《社会保险费征缴暂行条例》第四条以及第十三条的规定，由于用人单位原因没有给职工办理参加保险的手续及缴纳养老保险费，职工可以向单位提出补缴，由所在单位办理具体事宜。单位向社会保险部门提出申请，并提供被补缴人原始工资收入凭证，按规定补缴。此外，如果单位没有及时为员工办理养老保险，有关部门还要对单位进行一定的处罚，并按规定加罚一定数额的滞纳金。需要注意的是，按照相关规定，如果劳动关系中断，则社会保险也应中断，所以职工必须有确凿的证据，证明与原单位存在劳动关系，才可以让单位补缴社会保险费。

为职工缴纳养老保险是我国法律赋予企业的一项义务，凡是违反此项义务的企业，均应当及时地补缴。法律要求企业为其职工补缴养老保险，主要是为了确保职工在年老退出劳动岗位后能够享受养老保险待遇，从而使老年人老有所养。从长远角度分析，这一制度有利于社会的和谐稳定。

本案中，郑某入职半年以后，所在企业以外企无须为职工缴纳养老保险为由拒绝为他缴纳养老保险。但是，根据我国相关法律的规定，外企需要依法为职工缴纳养老保险。因此，根据上述分析可知，郑某所在的企业应当按照有关部门的要求及时补缴该笔费用，否则将会被责令缴纳滞纳金。

条文链接

《社会保险费征缴暂行条例》

第四条 缴费单位、缴费个人应当按时足额缴纳社会保险费。

征缴的社会保险费纳入社会保险基金，专款专用，任何单位和个人不得挪用。

第十三条 缴费单位未按规定缴纳和代扣代缴社会保险费的，由劳动保障行政部门或者税务机关责令限期缴纳；逾期仍不缴纳的，除补缴欠缴数额外，从欠缴之日起，按日加收千分之二的滞纳金。滞纳金并入社会保险基金。

职场人生

由于我国人口的老龄化程度越来越高，老年人占全部人口的比重越来越大，养老保险为老年人群体提供了基本的生活保障，这相当于保障了这部分人口的基本生活。因此，对于劳动者来说，参加养老保险，就会使老年生活免除后顾之忧。在实际生活中，如果发现用人单位不及时为自己缴纳养老保险的，劳动者应当要求用人单位及时地补缴。

55. 单位能以职工是外地人为由拒绝给职工缴纳养老保险吗？

职场在线

钱某是某省人，一直以承包土地种植农作物为生。后来，由于承包土地的利润变得越来越低，他决定只身前往外省某大城市打拼。来到该大城市以后，钱某通过招聘广告联系到甲企业，并顺利地通过了面试，成为甲企业的一员。钱某入职后，工作认真负责，受到领导及同事们的好评。一个偶然的机会，钱某听同事提起单位缴纳养老保险的事情，才发现单位从未给自己缴纳该保险费。当钱某向相关负责人询问情况时，相关负责人却以他是外地人为由拒绝给他缴纳养老保险。钱某认为负责人的做法极不公平，但是并不清楚我国法律对此问题是如何规定的。

法律疑点

单位能以职工是外地人为由拒绝给职工缴纳养老保险吗？

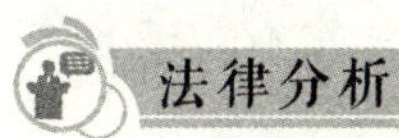

法律分析

用人单位不得以职工是外地人为由拒绝为职工缴纳养老保险。

为劳动者建立养老保险是用人单位的义务，任何企业都必须承担该责任。根据《职工基本养老保险个人账户管理暂行办法》第一条第二款的规定，个人账户的建立由职工劳动关系所在单位到当地社会保险经办机构办理，由工资发放单位向该社会保险经办机构提供个人的工资收入等基础数据。也就是说，劳动者在哪里工作，就可以在哪里办理养老保险账户，缴纳相关的费用。可见，职工养老保险的缴纳与户籍无关，用人单位以职工是外地人为由拒绝缴纳养老保险的理由并不成立。

无论是本地职工，还是外地职工，只要是该单位的职工，单位均应当为其缴纳养老保险。职工养老保险个人账户是职工退休后领取养老金的主要依据，但是，在现实生活中，用人单位不为外地职工缴纳养老保险的情况时有发生，外地职工由于不懂法或者担心丢掉工作只能忍气吞声，而以上法律规定将在很大程度上减少此类现象。

本案中，甲企业的做法是错误的，其理应为钱某缴纳养老保险费。另外，如果钱某在老家有基本养老保险账户，则他可以将养老保险账户转移到工作所在地。如果他不想转移养老保险账户，则可以自己继续在老家缴纳养老保险费用，但是单位应给钱某报销应当由单位支付的部分。

条文链接

《职工基本养老保险个人账户管理暂行办法》（劳办发［1997］116号）

一、个人账户的建立

1. 个人账户用于记录参加基本养老保险社会统筹的职工缴纳的基本养老保险费和从企业缴费中划转记入的基本养老保险费，以及上述两部分的利息金额。个人账户是职工在符合国家规定的退休条件并办理了退休手续后，领取基本养老金的主要依据。

2. 个人账户的建立由职工劳动关系所在单位到当地社会保险经办机构办理，由工资发放单位向该社会保险经办机构提供个人的工资收入等基础数据。

职场人生

劳动者在向用人单位提供劳动时，应当明白自己既负有劳动义务，同时也享有劳动权利。比如，关于劳动者社会保险方面，我国法律就明确规定，职工基本养老保险的缴纳与其劳动关系所在地直接相关，与户籍所在地无关。可见，为劳动者缴纳养老保险是由国家立法进行保障的，任何企业、单位均不得推诿责任。劳动者，尤其是外出务工的劳动者遇到类似情形时，应当积极抗议、及时维权。

56. 因单位原因未给职工足额缴纳基本养老保险费的，职工缴纳的部分能否记入个人账户？

职场在线

李某喜好文学，他曾立志做一名小说家。但是，多年以来，他创作的小说一直无人问津。后来，李某为了养活自己，便在甲水泥厂找了一份工作。截至目前，他已经在甲水泥厂工作了五年。过去几年里，水泥厂的效益一直不错，工厂也能做到为职工足额缴纳基本养老保险费。可是近来，由于工厂接单量不断下跌，工厂已经数月未给职工缴纳基本养老保险费了。李某很担心自己的养老保险缴纳年限发生中断，因此，一直按时缴纳自己应当承担的养老保险费用。现在，李某很关心自己缴纳的养老保险费是否记入了个人账户。

法律疑点

公司未给职工足额缴纳基本养老保险费，职工缴纳的部分能否记入个人账户？

法律分析

公司未给职工足额缴纳基本养老保险费的，职工缴纳的部分亦不能记入个人账户。

根据我国《职工基本养老保险个人

账户管理暂行办法》第二条第十三款的规定，无论单位或是个人原因，凡是不按时足额缴纳基本养老保险费的，都视为欠缴。在欠缴的时间段内，无论全额欠缴还是部分欠缴，已缴费用都暂不记入个人账户，待单位或个人按规定补齐欠缴金额后方可补记入个人账户。职工所在企业欠缴养老保险费用期间，职工个人可以继续缴纳养老保险费用，所足额缴纳的费用记入个人账户，并计算为职工实际缴费年限。出现欠缴情况后，以后缴费采用滚动分配法记账：即缴费先补缴以前欠缴费用及利息后，剩余部分作为当月缴费。可见，无论是单位不按时足额缴纳基本养老费，还是职工个人不按时足额缴纳基本养老费，只要一方欠缴的，均会导致已缴部分不会被记入个人账户。另外，只有在欠缴一方补齐欠缴金额后，才能记入个人账户。

法律作出这样的安排，主要是为了维护职工基本养老保险个人账户的缴费秩序，以便对个人账户进行有序的管理。这样也可以督促单位或者个人及时缴纳养老保险费，确保养老保险基金的充足，进而保障劳动者的养老保险权益。因此，无论是单位还是个人，都应当按时足额缴纳养老保险费用。

本案中的水泥厂效益不佳后，已经数月未给职工缴纳基本养老保险费了，而李某一直按时缴纳着自身应当承担的养老保险费。但是，根据上述法律规定可知，李某已经缴纳的养老保险费不会被记入个人账户，只有在水泥厂补齐欠缴的养老保险费用后，才能记入个人账户。

条文链接

《职工基本养老保险个人账户管理暂行办法》（劳办发［1997］116号）

二、个人账户的管理

13. 对于因某种原因单位或个人不按时足额缴纳基本养老保险费的，视为欠缴。欠缴月份无论全额欠缴还是部分欠缴均暂不记入个人账户，待单位或个人按规定补齐欠缴金额后方可补记入个人账户。

职工所在企业欠缴养老保险费用期间，职工个人可以继续缴纳养老保险费用，所足额缴纳的费用记入个人账户，并计算为职工实际缴费年限。

出现欠缴情况后，以后缴费采用滚动分配法记账：即缴费先补缴以前欠缴费用及利息后，剩余部分作为当月缴费。

职场人生

无论是因用人单位的原因还是个人原因造成的基本养老保险费未能按时足额缴纳，都将视为欠缴，都无法记入个人账户。在此提醒广大劳动者，自己应当按时足额缴纳本人应当承担的养老保险费，否则，单位缴纳的部分将无法记入职工基本养老保险个人账户。另外，当单位不按时为自己缴纳养老保险费时，劳动者应当及时地申请单位进行补缴。

57. 职工意外死亡的，家人可否继承他的社保账户余额？

职场在线

孙某是某电力公司的一名职工，工作认真负责，总是积极承担电力抢修作业。后来，经同事介绍，孙某在电力公司结识了现任妻子黄某。二人育有一儿一女，一家人的生活幸福且美满。但是，天有不测风云，人有旦夕祸福。不久前，孙某在抢修电路的过程中不幸遭遇电击身亡。孙某的家人悲痛万分，办完孙某的丧事后，家人认为孙某属于意外死亡，他从未享受过社会保险待遇，而自孙某入职以来，公司一直按期为其缴纳着社会保险，于是他们要求继承孙某社会保险个人账户的余额。公司一方却认为根据我国相关法律的规定，个人账户不能提前取出来，因此拒绝了孙某家人的请求。

法律疑点

在这种情况下，孙某的社会保险个人账户是否可以由其家人继承？

法律分析

孙某的家人可以领取孙某社保个人账户中的钱，并可以领取丧葬补助金和抚恤金。

根据我国《社会保险法》第十四条和第十七条的规定："个人死亡的，个人账户余额可以继承。""参加基本养老保险的个人，因病或者非因工死亡的，其遗属可以领取丧葬补助金和抚恤金……"可见，职工死亡的，职工家属可以依法继承其社会保险个人账户的余额。除此外，对于缴纳过养老保险的职工，家属还可以领取丧葬补助金和抚恤金。另外，根据我国《继承法》第三条的规定，公民死亡时遗留的个人合法财产将作为遗产依法被其继承人所继承。

职工所缴纳的社会保险原本就属于职工的合法财产，其由职工提前缴纳，以便在职工年老、衰弱、患病、残疾或者丧失劳动能力时为自己提供基本的生活保障。因此，职工意外死亡的，其社会保险个人账户的余额理应可以作为遗产由其家属进行继承。

本案中，孙某一直在缴纳社保，但是他在退休前意外触电身亡。根据以上法律规定可知，孙某的家人可以继承孙某社会保险个人账户余额，并可以领取丧葬补助金和抚恤金。但是，具体可以得到多少丧葬补助金和抚恤金因各省市规定的不同而有所差异。

条文链接

《中华人民共和国社会保险法》

第十四条 个人账户不得提前支取，记账利率不得低于银行定期存款利率，免征利息税。个人死亡的，个人账户余额可以继承。

第十七条 参加基本养老保险的个人，因病或者非因工死亡的，其遗属可以领取丧葬补助金和抚恤金；在未达到法定退休年龄时因病或者非因工致残完全丧失劳动能力的，可以领取病残津贴。所需资金从基本养老保险基金中支付。

《中华人民共和国继承法》

第三条　遗产是公民死亡时遗留的个人合法财产，包括：

（一）公民的收入；

（二）公民的房屋、储蓄和生活用品；

（三）公民的林木、牲畜和家禽；

（四）公民的文物、图书资料；

（五）法律允许公民所有的生产资料；

（六）公民的著作权、专利权中的财产权利；

（七）公民的其他合法财产。

职场人生

公民个人的合法财产依法受法律保护，即使劳动者因意外事故不幸身亡，他的财产在有合法继承人的情况下，也不会丧失掉，一定能为其继承人所享有。劳动者身故后，生前缴纳过社会保险的，继承人可以携带自己的有效证件以及该劳动者的死亡证明，前往参保的社会保险经办机构办理相关手续，继承人就可以获得职工社会保险个人账户的余额。

58. 职工在异地看病的，医疗费可以从医疗保险中报销吗？

职场在线

吴某是湖南人。几年前，他报考了河北省某高校并被顺利录取。大学毕业后，他没有回老家而是在当地找了一份工作。现在，他已经在河北省某通信公司工作五年了。由于吴某离家时间太久，老家的父母也非常想念他，为了多陪陪父母，他决定请半个月的假回老家。可能是由于饮食的原因，吴某回到老家不久后就开始上吐下泻，持续了几天也不见好转，他只好住院接受治疗。为此，他花费了近4000元医药费。假期结束后吴某返回公司，他要求公司从医疗保险中报销医疗费，公司却以其在外地看病无法报销为由予以拒绝。吴某认为公司的答复很不合理，但是他并不清楚相关法律是如何规定的。

法律疑点

职工异地看病的，医疗费可不可以从医疗保险中报销呢？

法律分析

职工异地看病的医疗费可以从医疗保险中报销。

职工基本医疗保险的功能之一就是为参保的职工就医提供保障。参加职工基本医疗保险后，参保人员须履行相应的义务并可以享受相应的权利。针对异地就医的医疗费用问题，我国《社会保险法》第二十九条明确规定：“参保人员医疗费用中应当由基本医疗保险基金支付的部分，由社会保险经办机构与医疗机构、药品经营单位直接结算。社会保险行政部门和卫生行政部门应当建立异地就医医疗费用结算制度，方便参保人员享受基本医疗保险待遇。”可见，医疗保险实行异地结算制度，所以说，职工异地就医的医疗费，用人单位也应当进行报销。

长期以来，我国的医疗保险制度实行的是属地管理，但是，随着人口的流动性越来越强，异地就医不享受医保将给职工异地就医带来很多不便，因此法律规定了异地就医医疗费用结算制度。该制度具有突出的优点，显然可以确保患病职工在外地就医时同样享受医疗保险待遇，最大限度地免除了职工的后顾之忧。

本案中，吴某的工作单位在河北省，单位为他缴纳了医疗保险。但是，他患病时身处湖南省并在当地住院接受了治疗。根据上述法条的规定可知，吴某参加职工医疗保险的医疗费用报销部门应对其在家生病期间所花费的医疗费用进行报销，这是吴某应享有的法律权利。所以说，公司的做法是违法的。

条文链接

《中华人民共和国社会保险法》

第二十九条　参保人员医疗费用中应当由基本医疗保险基金支付的部分，由社会保险经办机构与医疗机构、药品经营单位直接结算。

社会保险行政部门和卫生行政部门应当建立异地就医医疗费用结算制度，方便参保人员享受基本医疗保险待遇。

职场人生

随着经济的发展，人口在区域间的流动非常频繁，越来越多的人前往外地求学或者打工。医疗保险实行异地结算，不仅是法律普遍性的要求，也是对于参保人员切身利益的关注。劳动者在异地患病时，可以放心地在当地接受治疗。待回到单位所在地后，便可以申请单位予以报销。

59. 职工被他人打伤的，医疗费用可以从医保中支付吗？

职场在线

一年以前，周某来到甲单位应聘，他顺利地通过了面试并成为甲单位的一员。入职后，他便认识了性格温柔的女同事李某，二人情投意合，迅速发展为恋人关系，很快就结了婚。不久前，周某在上班路上遭到一位陌生男子的暴打，由于伤势较重，他不得不住院接受治疗。住院期间，妻子告诉他该男子是自己在老家的相亲对象，经常纠缠她。周某听后虽然气愤，但是面对存在心理疾病的人自己也不知道该如何处理。周某出院后不想向该男子索要经济赔偿，他打算从医保中报销这笔费用。不料，周某的请求被保险部门拒绝，周某对此疑惑不解。

法律疑点

职工被他人打伤的，医疗费用不能从医保中支付吗?

法律分析

职工被第三人打伤的，医疗费用应当由第三人承担。

我国《社会保险法》第三十条规定："下列医疗费用不纳入基本医疗保险基金支付范围：（一）应当从工伤保险基金中支付的；（二）应当由第三人负担的；（三）应当由公共卫生负担的；（四）在境外就医的。医疗费用依法应当由第三人负担，第三人不支付或者无法确定第三人的，由基本医疗保险基金先行支付。基本医疗保险基金先行支付后，有权向第三人追偿。"可见，法律明确规定应由第三人承担的医疗费用，不属于基本医疗保险的支付范围。当职工花费的医疗费用由第三人引起时，该第三人拒绝支付或者无法确定第三人时，医疗保险才会先行垫付。医疗保险垫付后，可以要求第三人予以赔偿。

基本医疗保险制度实施以来，有效地保障了职工的身体健康，尤其是在患病职工医疗费昂贵时，可以有效地分担风险。但是，基本医疗保险主要是为了减轻劳动者因疾病而引起的经济损失，而不对第三人的行为负责。因此，职工被他人打伤的，如果能够直接确定责任人，医疗费用理应由责任人承担。

本案中周某所花费的医药费用是因他人打伤所导致，并非因自己患有疾病造成的，按照法律的规定，周某所花费的医疗费用应由造成其受伤的男子支付。如果该男子拒绝支付，可由基本医疗保险基金先行支付。基本医疗保险基金先行支付后，再向该男子追偿。

条文链接

《中华人民共和国社会保险法》

第三十条　下列医疗费用不纳入基本医疗保险基金支付范围：

（一）应当从工伤保险基金中支付的；

（二）应当由第三人负担的；

（三）应当由公共卫生负担的；

（四）在境外就医的。

医疗费用依法应当由第三人负担，第三人不支付或者无法确定第三人的，由基本医疗保险基金先行支付。基本医疗保险基金先行支付后，有权向第三人追偿。

职场人生

如果用人单位没有为劳动者缴纳基本医疗保险，劳动者可以及时提出申请，这样在自己患有疾病时，就能够享受医疗保险待遇，减轻自己和家庭的负担。但是，基本医疗保险保障的是劳动者因病造成的费用问题，而对因他人致伤的情况不予负担。因此，在此提醒广大劳动者，因第三人侵权而受伤时，应当尽快"锁定"第三人，以便及时获得足额的赔偿。

60. 如何计算职工以及单位各自应当缴纳的失业保险费的金额？

职场在线

冯某在一个广告公司上班，作为一名新员工，他对公司的各项规章制度都不太清楚，而主要把注意力都放在提高业务能力上面。功夫不负有心人，冯某的工作能力日益提升，因此也深受公司领导的重视。但是直到最近，他才发现公司并没有给职工缴纳失业保险费。冯某担心自己一旦失业将失去物质保障，便决定主动要求公司缴纳该笔费用。但是当他向相关负责人咨询此事时，负责人答复道：职工可以自愿缴纳足额的失业保险费，根据公司的规章制度，公司没有为职工缴纳失业保险费的义务。冯某认为公司是在推脱责任，他还认为公司的规章制度可能违反了法律的规定，因为他听朋友说失业保险费是按照一定的比例由职工和单位共同承担的。

法律疑点

职工和单位各自应当缴纳的失业保险费的金额如何确定呢？

法律分析

失业保险费确实是由职工和用人单位共同承担的，具体而言，单位应缴纳的失业保险费为该单位工资总额的百分之二，职工应缴纳的失业保险费为本人工资的百分之一。

缴纳失业保险费是国家通过立法强制实行的，由社会集中建立基金，对因失业而暂时中断生活来源的劳动者提供物质帮助的制度。根据《社会保险法》第四十四条的规定，失业保险费是由用人单位和职工共同缴纳的。根据《失业保险条例》第五条的规定，失业保险基金的组成部分之一就是城镇企业事业单位、城镇企业事业单位职工缴纳的失业保险费。该法第六条同时规定：城镇企业事业单位按照本单位工资总额的百分之二缴纳失业保险费。城镇企业事业单位职工按照本人工资的百分之一缴纳失业保险费。城镇企业事业单位招用的农民合同制工人本人不缴纳失业保险费。可见，我国法律明确规定，失业保险费由用人单位和职工共同承担，用人单位和职工缴纳失业保险费的比例分别为本单位工资总额的百分之二、职工本人工资的百分之一。

失业保险理应由职工和单位共同缴纳，任何单位均不得推脱责任。单位及时地为职工缴纳失业保险费是职工失业后享受失业保险待遇的前提条件之一，而领取失业保险金对保障失业职工的基本生活至关重要。可见，单位依法缴纳失业保险费对失业保险制度的实施具有极其重要的影响。

因此，本案中的广告公司不得以“规章制度未规定公司负有为职工缴纳失业保险费的义务”为由拒绝为劳动者缴纳失业保险。根据以上法律规定可知，广告公司的规章制度已经违反了我国相关法律的规定，广告公司应按本单位工资总额的百分之二为职工缴纳失业保险费，而冯某只需按照自己的工资总额的百分之一缴纳即可。

条文链接

《中华人民共和国社会保险法》

第四十四条 职工应当参加失业保险，由用人单位和职工按照国家规定共同缴纳失业保险费。

《失业保险条例》

第五条 失业保险基金由下列各项构成：

（一）城镇企业事业单位、城镇企业事业单位职工缴纳的失业保险费；

（二）失业保险基金的利息；

（三）财政补贴；

（四）依法纳入失业保险基金的其他资金。

第六条 城镇企业事业单位按照本单位工资总额的百分之二缴纳失业保险费。城镇企业事业单位职工按照本人工资的百分之一缴纳失业保险费。城镇企业事业单位招用的农民合同制工人本人不缴纳失业保险费。

职场人生

失业保险是由职工和用人单位共同缴纳的，劳动者一旦发现单位未给自己缴纳失业保险费的，应当主动要求单位依法缴纳该笔费用。否则，劳动者失业后将因不符合领取失业保险金的条件而使生活无法得到基本保障。此外，需要提醒劳动者注意的是，用人单位的该项义务是由法律强制规定的，用人单位必须承担，劳动者要勇敢地维护自己的合法权益。

61. 失业人员领取失业保险金的条件有哪些？

职场在线

自杨某毕业以来，他就一直在某钢铁厂工作。杨某不求上进，工作态度极其慵懒，而且没有丝毫改进。但是，钢铁厂还是为他缴纳了各项社会保险。近来，由于钢铁厂盈利状况大不如以前，钢铁厂决定裁掉一批工作能力不强的职工，杨某就包含在内。杨某失业后，立即前往社会保险经办机构办理了失业登记，他发现由于自己在钢铁厂的工作年限比较长，能够领取18个月的失业保险金。杨某失业期间，劳动就业部门工作人员曾多次给他打过电话，通知他参加某某公司的面试，杨某觉得失业保险金还未领足18个月便婉言拒绝了。后来，社会保险经办机构很快就告知杨某将不再为其发放失业保险金，还称杨某已经不再符合领取失业保险金的条件了。

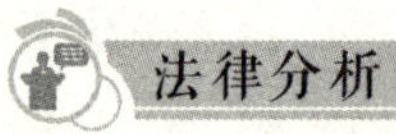

法律疑点

失业人员领取失业保险金的条件有哪些呢?

法律分析

失业人员领取失业保险金需要具备一定的条件，而本案的杨某已经不再符合领取失业保险金的全部条件，因此，其无法继续领取失业保险金。

失业保险金是国家给予失业人员在失业期间的一种临时性补偿，领取失业保险金必须符合法律规定的相关条件。我国《社会保险法》第四十五条规定："失业人员符合下列条件的，从失业保险基金中领取失业保险金：（一）失业前用人单位和本人已经缴纳失业保险费满一年的；（二）非因本人意愿中断就业的；（三）已经进行失业登记，并有求职要求的。"上述条件必须同时具备，才可以领取失业保险金，享受失业保险待遇。可见，失业人员必须同时符合以上三个条件时才能领取失业保险金。欠缺其中之一的，将直接导致失业者无法领取失业保险金。

法律对失业人员领取失业保险金限定多重条件主要是为了规范失业保险金的领取；同时，也是为了在最大程度上杜绝劳动者故意中断就业、拒绝从事新工作等不良心理。失业保险是国家给予失业人员的临时性补偿，具有救济性质，而主动中断就业或者在失业后拒不恢复就业的劳动者均不应当被救济。

本案中，当事人杨某虽然是非自愿失业，失业前已经缴纳失业保险费满一年，杨某也进行了失业登记，但由于其多次不接受当地劳动就业部门提供的就业机会，也就是说，杨某没有求职要求。因此，杨某不符合领取失业保险金的全部条件，社会保险经办机构有权停止向杨某发放失业保险金，并同时停止其享受其他失业保险待遇。

条文链接

《中华人民共和国社会保险法》

第四十五条 失业人员符合下列条件的，从失业保险基金中领取失业保险金：

（一）失业前用人单位和本人已经缴纳失业保险费满一年的；

（二）非因本人意愿中断就业的；

（三）已经进行失业登记，并有求职要求的。

职场人生

法律最大限度地保障劳动者的各项合法权益，但是，如果我们试图投机取巧，钻法律的空子，那么，我们将承担相应的不利后果。在此告诫劳动者，切不可为了领取失业保险金"主动"失业，因为这样做并不会如愿领到失业保险金；另外，劳动者应当在失业后积极寻找新的就业机会，否则就将丧失领取失业保险金的权利。

62. 失业保险金的领取期限为多久？

职场在线

陈某和郑某是同事关系，二人曾同时在甲企业工作。由于陈某和郑某的工作态度都很消极，企业领导人经常对二人进行点名批评，但是陈某和郑某一直没把领导的批评当回事，依旧很懒散，企业领导人也不想再继续纵容陈某和郑某了，因此同时解雇了二人。之后，陈某和郑某先后前往社会保险经办机构办理了失业登记。大概过了一年左右的时间，陈某被告知将不再对其发放失业保险金，陈某的内心顿时变得焦虑。后来，陈某联系了郑某，他发现郑某还可以再领取六个月的失业保险金。郑某认为自己已经在原单位工作了七八年，而陈某只工作过三四年，领取失业保险金的期限理应长于陈某。陈某这才发现工作年限可能会对失业保险金的领取期限产生影响。

法律疑点

失业人员领取失业保险金的期限如何计算？是否与工作年限有关呢？

法律分析

根据我国相关法律的规定，陈某失业前累计缴纳失业保险费的年限不足五年，因此，陈某领取失业保险金的期限最长为一年，而郑某累计缴费的年限已满五年尚不满十年，其可以领取失业保险金的最长期限为十八个月。

关于失业人员领取失业保险金期限的计算方法，我国《社会保险法》第四十六条规定：“失业人员失业前用人单位和本人累计缴费满一年不足五年的，领取失业保险金的期限最长为十二个月；累计缴费满五年不足十年的，领取失业保险金的期限最长为十八个月；累计缴费十年以上的，领取失业保险金的期限最长为二十四个月。重新就业后，再次失业的，缴费时间重新计算，领取失业保险金的期限与前次失业应当领取而尚未领取的失业保险金的期限合并计算，最长不超过二十四个月。”可见，失业人员领取失业保险金的期限与缴费年限直接挂钩。缴费年限越长的，失业人员领取失业保险金的期限就越长。

法律对失业保险金领取时间的计算方法进行了明确的规定，一来可以给社会保险经办机构提供明确的指导，二来可以使劳动者大致了解失业保险金领取期限的计算方法，以便在其权益受损时及时地维权。

本案中，陈某失业前缴纳失业保险费的年限为三至四年，根据以上法律规定可知，陈某领取失业保险金的期限最长为十二个月；由于郑某的缴费年限为七至八年，其领取失业保险金的期限最长为十八个月。所以说，社会保险经办机构的做法是正确的。

条文链接

《中华人民共和国社会保险法》

第四十六条 失业人员失业前用人单位和本人累计缴费满一年不足五年的，领取失业保险金的期限最长为十二个月；累计缴费满五年不足十年的，领取失业保险金的期限最长为十八个月；累计缴费十年以上的，领取失业保险金的期限最长为二十四个月。重新就业后，再次失业的，缴费时间重新计算，领取失业保险金的期限与前次失业应当领取而尚未领取的失业保险金的期限合并计算，最长不超过二十四个月。

职场人生

劳动者失业后虽然可以领取失业保险金，但领取的期限与其劳动年限和累计缴费的时间密切相关，因此，劳动者一参加工作就应当注意用人单位是否为其缴纳失业保险，以便在意外失业时，能够获得相应的失业保障。但是，这种保障是临时性的，劳动者不应当寄希望于此，而是应当尽快寻找新的工作机会。

63. 职工主动提出解除劳动合同的，还能领到失业保险金吗？

职场在线

韩某大学毕业后就来到某事业单位上班，当时，他还与用人单位签订了一份劳动合同。但是，工作几年后，他愈发觉得工作很乏味。为了实现人生价值，他决心考取一个公务员岗位。完成公务员考试的报名后，他用心做了准备，顺利地通过了笔试。他对自己拿下该岗位充满了信心，为了专心准备面试，他主动要求解除与原单位的劳动合同。但是，面试结果公布后，韩某未能上榜，此后，韩某变得很颓废，想领取一段时间的失业保险金，用这些钱到外地放松一下。为了领取失业保险金，他去社会保险经办机构办理了失业登记。社会保险经办机构的工作人员发现韩某属于自愿中断就业的情形，因此告知韩某并不符合领取失业保险金的条件。韩某再次遭受了打击，十分郁闷，他认为自己已经失业了，理应符合领取失业保险金的条件。对此，他向律师朋友进行了咨询。

法律疑点

职工主动要求解除劳动合同的，还能领到失业保险金吗？

法律分析

韩某属于自愿中断就业，根据我国有关法律的规定，他确实不能享受失业保险待遇，也就不能领取失业保险金。

一般而言，中断就业可以分为两种：一是非自愿中断就业，指的是失业人员不愿意中断就业，但由于出现了本人无法控制的原因，劳动者被迫中断就业；

二是自愿中断就业，即失业人员自愿离职后导致失业。根据我国法律的规定，并非中断就业就可以领取失业保险金，按照我国《社会保险法》第四十五条的规定：失业人员符合下列条件的，从失业保险基金中领取失业保险金：（一）失业前用人单位和本人已经缴纳失业保险费满一年的；（二）非因本人意愿中断就业的；（三）已经进行失业登记，并有求职要求的。可见，失业人员领取失业保险金需要同时满足上述三个条件。所以说，职工自愿中断就业的，因不符合本条文第二款的规定，故其失业后将无法享受失业保险待遇，不能领取失业保险金。

失业保险金具有救济性质，用以保障劳动者临时被迫失业造成的生活困难，因此，劳动者自愿中断就业的，当然无法享受失业保险待遇。法律作出这样的规定，可以有效地避免劳动者为了领取失业保险金主动中断就业等投机取巧情形的发生，督促劳动者积极投身到工作中去。

而在本案中，韩某在主观上有调换工作的意向，因而主动向原单位提出解除劳动合同申请，继而造成暂时性自愿失业。根据以上法律条文可知，韩某不满足享受失业保险待遇的条件。但是，他的失业保险缴费时间可以予以保留，在找到新企业后可以同继续缴费的时间合并计算。如果其将来被迫下岗，则可以累计缴费年限，并领取相应的失业保险金。

条文链接

《中华人民共和国社会保险法》

第四十五条　失业人员符合下列条件的，从失业保险基金中领取失业保险金：

（一）失业前用人单位和本人已经缴纳失业保险费满一年的；

（二）非因本人意愿中断就业的；

（三）已经进行失业登记，并有求职要求的。

职场人生

失业保险就是为避免劳动者非自愿性失业造成的暂时性生活困难，如果自愿中断就业，则不符合享受失业保险待遇的条件。当然，失业保险金仅仅是一份基础性的保障，劳动者要想改善生活，还是应当谋求一份稳定的工作，切不可为了领取这份失业保险金而自愿辞职，甚至是故意辞职，这不但会导致失去工作，也无法因此得到任何保障，得不偿失。

64. 用人单位是否需要为未婚职工缴纳生育保险？

职场在线

蒋某（男）是某高校的一名博士生，其博士毕业后，被学校聘任为讲师。现在，他已经过了而立之年，但是仍然没有找到合适的对象，他的父母特别焦急。

蒋某总托人介绍对象，但是一直没有遇到合适的。本来这件事情就已经很让他困扰了，可前不久，他又发现学校并未为自己缴纳生育保险，只给自己缴纳了养老保险、医疗保险、失业保险、工伤保险、住房公积金。当他向领导询问此事时，领导认为他还没有结婚甚至都没有对象，因此无须办理生育保险。蒋某认为领导的答复是对未婚人士的歧视，他认为自己即使现在未婚，但是将来肯定是要结婚的。为了弄清楚法律对此是如何规定的，他还咨询了学习法律专业的同学。

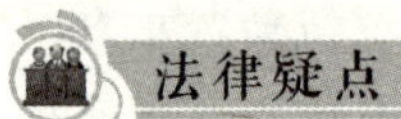

法律疑点

用人单位是否需要为未婚职工缴纳生育保险呢?

法律分析

学校领导的观点是错误的，用人单位需要为未婚职工办理生育保险。

生育保险是国家通过立法保护职工与其婴儿在产前、产后的全部假期内得到支持和照顾而制定的一项社会保险制度。根据我国《社会保险法》第五十三条和第五十四条的规定：“职工应当参加生育保险，由用人单位按照国家规定缴纳生育保险费，职工不缴纳生育保险费。”“用人单位已经缴纳生育保险费的，其职工享受生育保险待遇；职工未就业配偶按照国家规定享受生育医疗费用待遇。所需资金从生育保险基金中支付。”由此可见，用人单位应当为所有职工办理生育保险，不得附加性别、是否已婚等特殊条件。也就是说，员工只要与用人单位签订劳动合同或形成事实劳动关系，不分男女、不论是否已婚均应参加生育保险。另外，如果职工的配偶未就业的，其配偶可以按照国家规定享受生育医疗费用待遇。

用人单位理应为未婚男职工办理生育保险，生育保险必须连续缴纳一定时间后，才可以享受生育保险待遇，用人单位无法预料未婚男职工何时会结婚，何时需要生育保险，因此，应当为全部职工办理。办理生育保险后，一方面可以使其未就业的配偶享受生育医疗费用待遇，报销配偶生育过程所花费的费用；另一方面可以领取津贴，为产妇产假期间的基本生活需要提供保障。

本案中，学校作为用人单位并未给蒋某办理生育保险，具体理由为未婚职工无须办理生育保险。根据以上法律规定可知，用人单位给职工办理生育保险不以职工是否结婚作为必要条件。所以说，学校应该为蒋某办理生育保险。

条文链接

《中华人民共和国社会保险法》

第五十三条 职工应当参加生育保险，由用人单位按照国家规定缴纳生育保险费，职工不缴纳生育保险费。

第五十四条 用人单位已经缴纳生育保险费的，其职工享受生育保险待遇；职工未就业配偶按照国家规定享受生育医疗费用待遇。所需资金从生育保险基金中支付。

生育保险待遇包括生育医疗费用和生育津贴。

职场人生

为所有职工办理生育保险是我国法律的强制性规定，办理了生育保险的职工就可以报销生育医疗费用，还可以领取生育津贴。因此，无论是男性职工还是女性职工，也无论是已婚还是未婚职工，都应当关注用人单位是否为自己缴纳了生育保险，如果单位损害了自己的这一权利，任何劳动者都可以到劳动保障部门投诉检举，依法维护自己的权益。

65. 单位为职工缴存的住房公积金是否属于职工个人所有？

职场在线

几年前，甲事业单位以公开招聘的方式聘任了朱某。此后，朱某便成为该单位某部门的一名文员。朱某入职后，单位给他缴存了住房公积金。近来，朱某找到了合适的对象，二人打算买房后就结婚。为了置办婚房，朱某打算在单位附近购买一套商品房。由于经济条件有限，他便决定取出在甲事业单位缴存的住房公积金。但是，当他向单位相关负责人咨询此事时，负责人认为职工只能提取职工个人缴存的住房公积金，因为单位为职工缴存的住房公积金不属于职工个人所有。朱某认为负责人的说法没有法律依据，他认为既然单位为职工缴存了住房公积金，那么，单位缴存的住房公积金也应当归职工个人所有。

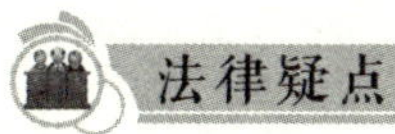

法律疑点

在法律上，单位为职工缴存的住房公积金是否属于职工个人所有呢？

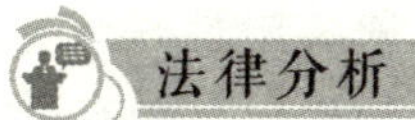

法律分析

我国法律明确规定，单位为职工缴存的住房公积金属于职工所有。

根据《住房公积金管理条例》第二条第二款的规定可知，住房公积金指的是国家机关、国有企业、城镇集体企业、外商投资企业、城镇私营企业及其他城镇企业、事业单位、民办非企业单位、社会团体（以下统称单位）及其在职职工缴存的长期住房储金。在解决住房公积金属于单位还是个人之前，首先应当了解我国建立住房公积金制度的目的。根据该条例第一条的规定，住房公积金制度设立主要是为了维护住房公积金所有者的合法权益，促进城镇住房建设，提高城镇居民的居住水平。因此可以看出，住房公积金旨在提高城镇居民的居住水平，如果不将其归属给职工，显然无法实现这一目的。另外，该条例第三条明确规定，不论是职工缴纳的还是单位为其缴纳的住房公积金，一并属于职工个人所有。所以说，职工在购买自住住房时就可以提取单位为其缴存的住房公积金以及职工自己缴存的住房公积金。

单位为职工缴存的住房公积金亦属于职工个人所有，这一制度可以较好地解决职工的住房问题，为无房职工提供尽可能多的资金帮助。另外，住房公积金专款专用，任何单位和个人不得挪作他用，否则就会违反相关法律的规定。

因此上述案例中，朱某购买商品房时，对于单位为其缴纳的住房公积金部分依法可以一并提取。用人单位的说法是错误的。

条文链接

《住房公积金管理条例》

第一条 为了加强对住房公积金的管理，维护住房公积金所有者的合法权益，促进城镇住房建设，提高城镇居民的居住水平，制定本条例。

第二条 本条例适用于中华人民共和国境内住房公积金的缴存、提取、使用、管理和监督。

本条例所称住房公积金，是指国家机关、国有企业、城镇集体企业、外商投资企业、城镇私营企业及其他城镇企业、事业单位、民办非企业单位、社会团体（以下统称单位）及其在职职工缴存的长期住房储金。

第三条 职工个人缴存的住房公积金和职工所在单位为职工缴存的住房公积金，属于职工个人所有。

第五条 住房公积金应当用于职工购买、建造、翻建、大修自住住房，任何单位和个人不得挪作他用。

职场人生

为了解决劳动者住房问题，国家通过各种法律法规以及政策性规定向劳动者提供了尽可能多的社会保障，由用人单位给职工缴纳部分住房公积金，就是国家关切劳动者住房问题的最好证明。对于这种福利，劳动者有权利享有，其他组织、个人也必须维护劳动者的这一权利。

66. 职工死亡的，其住房公积金可以被继承吗？

职场在线

秦某是某涂料厂的一名职工，入职后，工厂领导就按期给他缴纳了住房公积金。后来，秦某相亲认识了何女士，二人很合得来，不到一年时间就结了婚。由于秦某没有多少积蓄，夫妻二人一直租房生活。婚后，何女士给秦某生了一个儿子。为了给妻儿提供更好的生活，秦某工作更加卖力，他总是加班加点，还主动承担工厂分派的工作任务。一天晚上，秦某在工作过程中猝死，妻子悲痛万分，冷静下来以后，她要求继承秦某在涂料厂的住房公积金。工厂一方则认为秦某才是本单位的职工，工厂为秦某缴纳的住房公积金专属于秦某所有，因此拒绝了秦某妻子的请求。

法律疑点

职工死亡的，住房公积金可以被其家属继承吗?

法律分析

根据法律的规定，职工死亡后，住房公积金可以被其家属继承。

住房公积金作为死亡职工的个人合法财产，属于遗产的一部分。根据我国《继承法》第三条和《住房公积金管理条例》第二十四条第三款的规定，在职期间去世的职工，由其合法继承人或受遗赠人提取住房公积金本息余额。其结余公积金可以由其合法继承人继承。住房公积金具有“返还性”，所谓“返还性”，是指，对于缴存的住房公积金，职工购房、建房时可以依法提取，如果职工死亡，职工家属也可以提取职工住房公积金账户内的存储余额，也就是说，职工家属可以依法继承其在用人单位的住房公积金。

法律作出这样的规定，与住房公积金的性质密不可分，住房公积金本来就是为了解决职工的住房问题，其依法属于职工个人所有，是职工的个人合法财产，因此，职工死亡后，其家属自然可以依法继承死亡职工在用人单位的该项资金。而且，职工死亡后，职工家属的收入必定会有所减少，因此，这一规定也可以起到改善死亡职工家属生活质量的作用。

根据以上分析，在上述案例中，很显然秦某的妻儿可以作为秦某的合法继承人继承其在涂料厂的合法遗产，即住房公积金。另外，秦某妻儿享有的继承权应当依法受到保护。涂料厂的说法没有法律依据。

条文链接

《中华人民共和国继承法》

第三条　遗产是公民死亡时遗留的个人合法财产，包括：

（一）公民的收入；

（二）公民的房屋、储蓄和生活用品；

（三）公民的林木、牲畜和家禽；

（四）公民的文物、图书资料；

（五）法律允许公民所有的生产资料；

（六）公民的著作权、专利权中的财产权利；

（七）公民的其他合法财产。

《住房公积金管理条例》

第二十四条　职工有下列情形之一的，可以提取职工住房公积金账户内的存储余额：

（一）购买、建造、翻建、大修自住住房的；

（二）离休、退休的；

（三）完全丧失劳动能力，并与单位终止劳动关系的；

（四）出境定居的；

（五）偿还购房贷款本息的；

（六）房租超出家庭工资收入的规定比例的。

依照前款第（二）、（三）、（四）项规定，提取职工住房公积金的，应当同时注销职工住房公积金账户。

职工死亡或者被宣告死亡的，职工的继承人、受遗赠人可以提取职工住房公积金账户内的存储余额；无继承人也无受遗赠人的，职工住房公积金账户内的存储余额纳入住房公积金的增值收益。

职场人生

住房公积金具有保障性，职工死亡的，职工家属更应享受住房公积金所提供的保障。公民个人继承或受遗赠住房公积金的，继承人或受遗赠人可持经公证的继承或遗赠文件，到被继承人或遗赠人单位开具“住房公积金支取申请书”，再到公积金管理部门提取住房公积金本息余额并办理销户手续。

67. 住房公积金可以被用来支付房租吗？

职场在线

张某大学毕业后就匆匆忙忙地找了一份工作，由于时间仓促，张某找到的这份工作的工资收入并不高。但幸运的是，单位能给职工们按时缴纳住房公积金。为了解决住宿问题，他决定租房居住。由于自己没有任何积蓄，他只好从房东周某那里承租了一套租金较低的一居室。由于张某对既有工作的薪资收入并不满意，他总是幻想一夜暴富，后来，他就慢慢迷上了买彩票，他觉得只要自己坚持下去，就肯定能中奖。最近，为了购买彩票，他已经花掉了全部积蓄，但是却从未中奖。张某的房东向他催要房租时，他已经拿不出钱了。无奈之下，张某想到自己还有住房公积金，于是，他决定支取一笔住房公积金。

法律疑点

在此情况下，张某可以支取住房公积金支付房租吗？

法律分析

张某的房租只有超出了一定比例，才可以提取住房公积金支付房租。

我国《住房公积金管理条例》第二十四条第一款规定：“职工有下列情形之一的，可以提取职工住房公积金账户内的存储余额：（一）购买、建造、翻建、大修自住住房的；（二）离休、退休的；（三）完全丧失劳动能力，并与单位终止劳动关系的；（四）出境定居的；（五）偿还购房贷款本息的；（六）房租超出家庭工资收入的规定比例的。”由此可见，职工的房租超出家庭工资收入的规定比例的，就可以申请提取住房公积金去支付房租。但是这里面涉及两个问题，一是达到什么比例可以提取，目前各地对提取住房公积金用于支付房租规定的条件不尽一致，所以能否申请到住房公积金支付房租还要参照地方的具体规定。二是提取数额，《住房公积金管理条例》第二十四条中只是规定“房租超过家庭工资收入的规定比例的”，可以提取住房公积金。对于这一规定，有两种不同的理解，是支付全部的房租还是支付超过部分的房租。

一般来说，住房公积金是用来解决无房职工的购房问题的，必须专款专用。在特定情形下，法律允许职工提取住房公积金支付房租，这也是为了解决职工的住房问题，从本质上而言，这并未改变住房公积金的根本性质。

本案中，张某的薪资水平并不高，因此张某只要能证明自己符合上述条文的第六项，也就是说，张某的房租只要占到了当地规定的自己收入的一定比例，就可以提取住房公积金。

条文链接

《住房公积金管理条例》

第二十四条　职工有下列情形之一的，可以提取职工住房公积金账户内的存储余额：

（一）购买、建造、翻建、大修自住住房的；

（二）离休、退休的；

（三）完全丧失劳动能力，并与单位终止劳动关系的；

（四）出境定居的；

（五）偿还购房贷款本息的；

（六）房租超出家庭工资收入的规定比例的。

依照前款第（二）、（三）、（四）项规定，提取职工住房公积金的，应当同时注销职工住房公积金账户。

职工死亡或者被宣告死亡的，职工的继承人、受遗赠人可以提取职工住房公积金账户内的存储余额；无继承人也无受遗赠人的，职工住房公积金账户内的存储余额纳入住房公积金的增值收益。

职场人生

当符合法定条件时，劳动者便可以提取住房公积金账户的存储余额。劳动者提取住房公积金支付房租的，需要向住房公积金管理中心提交申请，并同时提供以下证明材料：本人的收入证明、房屋租赁合同、本人的身份证明等。另外，劳动者与用人单位终止劳动关系的，在提取住房公积金时应当注销其账户。

第七章

对女员工的特别劳动保护

68. 企业是否有权要求女职工超过一定的工作年限才能结婚？

职场在线

施某在高中阶段学习很努力，后来，她如愿考上了某名牌大学。大一时，在一次生日聚会上，她认识了男同学吴某，不久二人便成为情侣。大学毕业前，施某和吴某都见了对方父母，双方父母都很满意，同意二人毕业一年以后结婚。毕业后，施某和吴某相继找到了心仪的工作。但是，施某所在的单位要求施某入职五年后才能结婚，施某为了保住工作机会，只好暂时同意单位的要求。一年以后，施某和吴某按照原定计划举办了婚礼。没过多久，施某的领导便发现了施某结婚的事实，领导认为施某构成违约，要求解除与施某的劳动合同。

法律疑点

企业是否有权要求女职工超过一定的工作年限才能结婚呢？

法律分析

用人单位无权要求女职工入职后超过一定的年限才能结婚，这种行为是违法的。

我国《婚姻法》第三条第一款规定："禁止包办、买卖婚姻和其他干涉婚姻自由的行为。"因此，用人单位不能禁止女职工在工作期间结婚，否则就会干涉女职工的婚姻自由，违反了法律的规定。同时，《劳动法》第四条也规定："用人单位应当依法建立和完善规章制度，保障劳动者享有劳动权利和履行劳动义务。"由此可知，用人单位必须完善本单位的各种规章制度，保障劳动者的各项合法权益。另外，根据《劳动法》第十八条的规定，违反法律、行政法规的劳动合同无效。所以说，用人单位要求女职工入职后超过一定的年限才能结婚的劳动合同是无效的。

我国法律赋予公民依法享有婚姻自由权，这一权利保障的对象是所有适龄结婚男女，而与其是否参加工作没有关系。也即是说，劳动者的婚姻自由不受外界干涉，有权自主决定婚姻问题。用人单位利用非法手段干涉劳动者的婚姻自由，签订的劳动合同是无效的，如果情节严重，还会构成暴力干涉婚姻自由罪，用人单位还会被追究刑事责任。

在本案中，施某所在单位要求其在入职五年以后才能结婚，根据以上分析可知，施某在工作期间结婚是在依法行使自己的权利，用人单位的行为已经侵犯了施某的婚姻自由权，这种行为是法律所禁止的。该劳动合同条款违反了法律规定，因而是无效的。所以说，用人单位不能以此为由要求解除与施某的劳动合同。

条文链接

《中华人民共和国婚姻法》

第三条第一款 禁止包办、买卖婚姻和其他干涉婚姻自由的行为。禁止借婚姻索取财物。

《中华人民共和国劳动法》

第四条 用人单位应当依法建立和完善规章制度，保障劳动者享有劳动权利和履行劳动义务。

第十八条 下列劳动合同无效：

（一）违反法律、行政法规的劳动合同；

（二）采取欺诈、威胁等手段订立的劳动合同。

无效的劳动合同，从订立的时候起，就没有法律约束力。确认劳动合同部分无效的，如果不影响其余部分的效力，其余部分仍然有效。

劳动合同的无效，由劳动争议仲裁委员会或者人民法院确认。

职场人生

用人单位应该依法保障劳动者的合法权利，不能以任何理由来限制劳动者的婚姻自由。用人单位利用自己的优势地位来损害劳动者的合法权利，这是为法律所不容的。如果其与职工订立的劳动合同内容违反法律的规定，则此劳动合同是无效的。如果用人单位以此为由要求解除与劳动者的劳动合同，此时，劳动者应当通过法律途径维护自己的合法权利，要求用人单位继续履行劳动合同。

69. 用人单位可以要求处于经期的女职工到食品冷冻库工作吗?

职场在线

吕某在某食品冷冻厂工作，入职后就一直负责物流工作。由于物流工作比较轻松，吕某很快就适应了这份工作。不久后，吕某认识了张某，他们很快就发展为恋人关系。后来，冷冻厂效益下跌，为了节省开支，厂长辞退了很多职工。所幸的是，吕某没有被裁掉，但厂长却要求吕某去冷冻库工作。吕某告诉厂长由于身体原因，自己一周之内不方便在低温环境中工作。厂长认为吕某太过娇气，还认为冷冻库的其他女职工即便处于经期，也能正常工作。渐渐地，厂长对吕某心生不满。半个月以后，厂长以吕某无法适应工作岗位为由辞掉了吕某。

法律疑点

用人单位可以要求处于经期的女员工到食品冷冻库工作吗?

法律分析

用人单位不得要求女职工在月经期间到食品冷冻库从事低温作业，处于经期的女职工可以请求单位给予特殊照顾。

我国《劳动法》第六十条明确规定：“不得安排女职工在经期从事高处、低温、冷水作业和国家规定的第三级体力劳动强度的劳动。”由于女职工在月经期、怀孕期、哺乳期生理功能较平时发生变化，我国法律规定女职工在三期内单位应给予特殊照顾。女职工在经期身体本来就比较虚弱，抵抗能力下降，很容易生病，况且在经期从事低温工作会对女职工的健康产生很大的危害。因此，法律是禁止用人单位安排女职工在经期到食品冷冻库内低温作业的。

我国法律赋予女职工在三期内获得特殊照顾的权利，这一规定将为女职工提供更具人性化的劳动保护，充分体现了国家对女职工切身利益的关照。

在本案中，厂长在吕某的经期内要求她去冷冻库从事低温工作，之后还以此为由辞退了吕某。依照上述法律规定可知，用人单位在女职工的经期应该对其予以特殊的照顾，不能安排其从事低温、冷水作业。因此，吕某有权拒绝厂长的工作安排，有权要求厂长继续履行劳动合同。

条文链接

《中华人民共和国劳动法》

第六十条　不得安排女职工在经期从事高处、低温、冷水作业和国家规定的第三级体力劳动强度的劳动。

职场人生

在实际生活中，女职工一般处于弱势地位。法律为了保护女职工的合法权益，禁止企业在女职工的三期安排一些其不宜从事的劳动。企业应该依照法律规定，在女职工的特殊时期给予其特殊照顾，更不得以此为由解除与女职工的劳动合同。如果用人单位违反了相关法律的规定，女职工应当勇于拿起法律武器维护自己的合法权利。

70. 怀孕女职工禁忌从事的劳动范围有哪些？

职场在线

何某来自农村，学历不高，也没有任何劳动技能。几年前，她来到大城市和自己的表妹一起打拼。为了获得一技之长，何某报名参加了一个培训学校。毕业后，她在甲工厂找到一份焊接工作。虽然工作环境比较艰苦，但是起码能让她在大城市生存下去。何某参加工作一年以后，经人介绍，认识了男同事胡某。接触一段时间后，二人对彼此都非常满意，半年后，就结了婚。现在，何某已经怀有两个月的身孕。一个偶然的机会，何某了解到女性怀孕后不宜从事焊接工作，她便找到厂长要求调换工作。厂长认为何某才怀孕两个月，应当继续从事焊接工作，如果何某不服从安排，只好开除她。

法律疑点

用人单位是否有义务将怀孕女职工何某调离焊接岗位？怀孕女职工禁忌从事的劳动范围有哪些呢？

法律分析

用人单位有义务把何某调离焊接岗位，用人单位不能让女职工在怀孕期间身处对其不利的环境中工作。

关于怀孕女职工禁忌从事的劳动范围，《女职工劳动保护特别规定》的附录《女职工禁忌从事的劳动范围》第三条对此作出了具体的规定。其中，第十项明确规定禁止怀孕女职工从事需要频繁弯腰、攀高、下蹲的作业。焊接作业属于频繁弯腰、下蹲的作业，因此属于怀孕女职工禁忌从事的劳动范围。此外，根据《劳动法》第二十九条的规定可知，女职工在孕期、产期、哺乳期内的，用人单位不得依据《劳动法》第二十六条、第二十七条的规定解除劳动合同。

法律对怀孕女职工禁忌从事的劳动范围进行了限定，主要是为了保障女职工以及胎儿的身心健康。为了督促用人单位切实保障怀孕女职工的合法权益，法律明确规定，用人单位不得以此为由解除与女职工的劳动合同。

因此，工厂不能让何某继续在焊接岗位工作，而应该把她调到其他部门。工厂更不能以此为由开除何某，因为何某并不符合《劳动法》第二十六条、第二十七条规定的用人单位可以解除劳动合同的情形。

条文链接

《女职工劳动保护特别规定》

附录：女职工禁忌从事的劳动范围

三、女职工在孕期禁忌从事的劳动范围：

（一）作业场所空气中铅及其化合物、汞及其化合物、苯、镉、铍、砷、氰化物、氮氧化物、一氧化碳、二硫化碳、氯、己内酰胺、氯丁二烯、氯乙烯、环氧乙烷、苯胺、甲醛等有毒物质浓度超过国家职业卫生标准的作业；

（二）从事抗癌药物、己烯雌酚生产，接触麻醉剂气体等的作业；

（三）非密封源放射性物质的操作，核事故与放射事故的应急处置；

（四）高处作业分级标准中规定的高处作业；

（五）冷水作业分级标准中规定的冷水作业；

（六）低温作业分级标准中规定的低温作业；

（七）高温作业分级标准中规定的第三级、第四级的作业；

（八）噪声作业分级标准中规定的第三级、第四级的作业；

（九）体力劳动强度分级标准中规定的第三级、第四级体力劳动强度的作业；

（十）在密闭空间、高压室作业或者潜水作业，伴有强烈振动的作业，或者需要频繁弯腰、攀高、下蹲的作业。

《中华人民共和国劳动法》

第二十九条 劳动者有下列情形之一的，用人单位不得依据本法第二十六条、第二十七条的规定解除劳动合同：

（一）患职业病或者因工负伤并被确认丧失或者部分丧失劳动能力的；

（二）患病或者负伤，在规定的医疗期内的；

（三）女职工在孕期、产期、哺乳期内的；

（四）法律、行政法规规定的其他情形。

职场人生

用人单位不仅不可以在女职工怀孕期间解除劳动合同，而且有义务保障女职工在怀孕期间的劳动权益。女职工怀孕期间，如果其从事的工作属于法律规定的禁忌劳动范围，用人单位应该主动将女职工调离该部门。用人单位拒不履行义务的，女职工应当积极通过各种途径维护自己的合法权益。

71. 用人单位安排哺乳期内的女职工延长工作时间的行为合法吗？

职场在线

许某大学毕业时被老师推荐到甲公司上班，由于老师和甲公司存在合作关系，公司领导对她很友善，从来没有要求她加过班。为了不给老师丢脸，许某特别勤奋，她很快就适应了这份工作。许某入职后不久就认识了同事李某，李某对许某情有独钟，经过两年多的相处，二人办理了结婚登记。由于二人的工资收入还算可观，婚后的生活也就比较富足。不久前，许某生下了一名女婴。与此同时，甲公司的业务越来越好，为了完成订单任务，公司领导临时通知许某加班。但是，许某不愿意加班加点，因为她目前正处于哺乳期，必须早早回家给孩子喂奶。公司领导得知许某不愿意加班后，决定提前解除与许某的劳动合同。许某认为自己正处于哺乳期内，公司要求自己加班以及提前解除劳动合同的做法已经涉嫌违法了。

法律疑点

用人单位安排哺乳期内的女职工延长工作时间的行为合法吗？

法律分析

根据相关法律的规定，用人单位不得安排哺乳期内的女职工延长工作时间，用人单位更不得以女职工拒绝加班为由解除劳动合同。

对此，我国《劳动法》第六十三条明确规定："不得安排女职工在哺乳未满一周岁的婴儿期间从事国家规定的第三级体力劳动强度的劳动和哺乳期禁忌从事的其他劳动，不得安排其延长工作时间和夜班劳动。"可见，用人单位安排哺乳期内的女职工延长工作时间的做法已经违反了法律的禁止性规定。据此，用人单位不得安排哺乳期内的女职工加班加点。另根据该法第二十九条第三款的规定可知，女职工在孕期、产假、哺乳期内的，用人单位不得依据本法第二十六条、第二十七条的规定解除劳动合同。

用人单位需要依法对哺乳期内的女职工给予特殊照顾，更不得延长其工作时间以及以此为由解除双方之间的劳动合同。这一规定为女职工完成哺乳活动提供了充分的保障，同时，亦能减轻女职工的工作压力及生活压力。

本案中的甲公司为了完成订单任务，要求女职工许某加班加点。但是，许某正处于哺乳期，无法加班，公司领导据此决定提前解除与许某的劳动合同。根据以上分析可知，甲公司的行为已经违反了相关法律的规定，更不得以此为由要求提前解除与许某的劳动合同。

条文链接

《中华人民共和国劳动法》

第二十九条 劳动者有下列情形之一的，用人单位不得依据本法第二十六条、第二十七条的规定解除劳动合同：

（一）患职业病或者因工负伤并被确认丧失或者部分丧失劳动能力的；

（二）患病或者负伤，在规定的医疗期内的；

（三）女职工在孕期、产期、哺乳期内的；

（四）法律、行政法规规定的其他情形。

第六十三条 不得安排女职工在哺乳未满一周岁的婴儿期间从事国家规定的第三级体力劳动强度的劳动和哺乳期禁忌从事的其他劳动，不得安排其延长工作时间和夜班劳动。

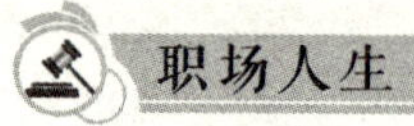

职场人生

用人单位应该保护哺乳期内女职工的合法权利，依法履行自己的义务，不能安排其从事劳动强度比较大的工作。此外，用人单位也不能无故解除劳动合同，否则就会受到相应的处罚。女职工遇到这种情况，可以向劳动仲裁委员会或者劳动行政部门主张自己的合法权利，请求用人单位继续履行劳动合同。

72. 公司能解除与怀孕女职工的劳动合同吗？

职场在线

孔某是甲公司的一名女职工，由于她工作经验丰富，甲公司给她提供了优厚的薪资待遇。孔某入职之前曾在乙公司工作，在乙公司工作期间与男同事李某相识并结婚。之后，由于种种原因，孔某辞职并跳槽到甲公司上班。在甲公司刚过了试用期，孔某就查出自己已经怀孕了。因孔某需要多次去医院检查身体，她只好频繁地请假，公司领导对孔某越来越不满，三番五次找孔某谈话。孔某只好告诉领导自己已经怀孕了，不得不去医院做一些检查。最后，公司以孔某频繁请假无法开展工作为由要求解除劳动合同。但是，孔某认为公司的做法并不妥当。

法律疑点

公司能解除与怀孕女职工孔某的劳动合同吗?

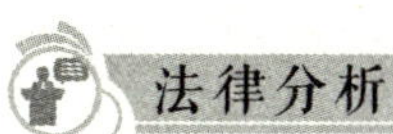

法律分析

公司不得在孔某怀孕期间解除劳动合同。

我国现行《劳动合同法》第四十二条第四款明确规定，女职工在孕期、产期、哺乳期内的，用人单位不得依据本法第四十条、第四十一条的规定解除劳动合同。可见，用人单位解除与怀孕女职工劳动合同的行为违反了法律的强制性规定。

用人单位享有单方面解除劳动合同的权利，但是，此项权利的行使其实是有条件的，用人单位不能滥用自己的权利。尤其是在解除劳动合同的对象为怀孕女职工时，更要明确知晓法律为了重点保护女职工的合法权利，禁止用人单位在女职工怀孕期间解除劳动合同。

在本案中，孔某因为怀孕需要去医院定期检查才经常请假，并不是无故不去上班的。因此，公司不能以此为理由解除与孔某的劳动合同。另外，孔某正处于怀孕期间，法律明确禁止公司在此种情况下解除与劳动者的劳动合同。

条文链接

《中华人民共和国劳动合同法》

第四十条　有下列情形之一的，用人单位提前三十日以书面形式通知劳动者本人或者额外支付劳动者一个月工资后，可以解除劳动合同:

（一）劳动者患病或者非因工负伤，在规定的医疗期满后不能从事原工作，也不能从事由用人单位另行安排的工作的；

（二）劳动者不能胜任工作，经过培训或者调整工作岗位，仍不能胜任工作的；

（三）劳动合同订立时所依据的客观情况发生重大变化，致使劳动合同无法履行，经用人单位与劳动者协商，未能就变更劳动合同内容达成协议的。

第四十一条　有下列情形之一，需要裁减人员二十人以上或者裁减不足二十人但占企业职工总数百分之十以上的，用人单位提前三十日向工会或者全体职工说明情况，听取工会或者职工的意见后，裁减人员方案经向劳动行政部门报告，可以裁减人员:

（一）依照企业破产法规定进行重整的；

（二）生产经营发生严重困难的；

（三）企业转产、重大技术革新或者经营方式调整，经变更劳动合同后，仍需裁减人员的；

……

第四十二条　劳动者有下列情形之

一的，用人单位不得依照本法第四十条、第四十一条的规定解除劳动合同：

……

（四）女职工在孕期、产期、哺乳期的；

……

职场人生

我国法律明确禁止用人单位在女职工怀孕期间解除劳动合同，怀孕女职工遇到用人单位单方面解除劳动合同的情况时，应当积极维权，及时地向劳动仲裁委员会或者劳动行政部门反映情况。但是，在此需要提醒女职工的是，女职工切不可以此为由消极怠工，否则，因此违反单位规定制度，给用人单位造成损失的，其仍然难以免除被辞退的后果。

第八章

劳动安全

73. 劳动者对工作岗位上存在的危险因素享有知情权吗？

职场在线

曹某是山西人，他家里还有五个兄弟姐妹。曹某的父母以种地为生，家庭收入十分微薄，根本无力抚养六个孩子。由于家境贫穷，曹某为了补贴家用，很早就开始了打工生涯。起初，他经常在饭店里做服务员，由于餐饮行业的特殊性，每天都需要起早贪黑。几年之后，他觉得做服务员不但十分辛苦，而且也攒不下什么钱。为了多挣点钱，他决定去煤矿厂上班。经过几番筛选，他最后决定去甲煤矿厂上班。入职以后，他担心煤矿厂存在很多安全隐患，于是要求负责人对可能发生的安全问题进行介绍以便随时做好准备。不料，负责人对曹某的询问十分反感，还告诉曹某如果不想在煤矿厂上班可以随时走人。曹某听后很气愤，他认为自己作为劳动者有权获悉工作岗位上存在的危险因素，否则，突然发生危险事故时都不知道如何应对。

法律疑点

煤矿厂负责人的做法是否妥当，曹某是否有权要求负责人对工作岗位存在的危险因素予以告知？

法律分析

本案中，煤矿厂负责人的做法是错误的，曹某有权要求其对工作岗位上存在的危险因素进行告知。除此之外，煤矿厂还应当在劳动合同中载明有关保障从业人员劳动安全、防止职业危害的事项。

我国《安全生产法》第五十条规定："生产经营单位的从业人员有权了解其作业场所和工作岗位存在的危险因素、防范措施及事故应急措施，有权对本单位的安全生产工作提出建议。"可见，对于工作岗位上存在的危险因素，法律明确赋予劳动者享有知情权。当劳动者行使知情权时，用人单位必须予以配合。

工作环境中存在的各种危险因素对于劳动者的人身安全都会构成潜在的威胁，这就需要劳动者在工作过程中进行有效的防范，但是，只有充分了解、掌握可能存在的危险因素以及相应的防范和应急措施，才能确保自身的人身安全得到更好的保护。上述法律规定为劳动者行使知情权提供了明确的法律依据，任何用人单位都必须遵守。

本案中，曹某要求获悉工作岗位中可能存在的安全隐患，煤矿厂负责人不但未进行告知，甚至还以解除劳动合同相威胁。根据上述法律规定可知，负责人的做法是毫无根据的，侵犯了曹某作为劳动者的知情权。煤矿业作为高危行业，本身存在的风险就相对较大。因此，从业人员就应当对自己工作的场所和危险因素进行一定的了解。另外，企业还应该对劳动者进行安全防范技能培训。因此，曹某的要求是合理合法的，应该得到支持。

条文链接

《中华人民共和国安全生产法》

第四十九条 生产经营单位与从业人员订立的劳动合同，应当载明有关保障从业人员劳动安全、防止职业危害的事项，以及依法为从业人员办理工伤保险的事项。

生产经营单位不得以任何形式与从业人员订立协议，免除或者减轻其对从业人员因生产安全事故伤亡依法应承担的责任。

第五十条 生产经营单位的从业人员有权了解其作业场所和工作岗位存在的危险因素、防范措施及事故应急措施，有权对本单位的安全生产工作提出建议。

职场人生

劳动者对自己从事的岗位和工作环境所存在的危险因素等享有知情权。具体而言，知情权包括三个方面的内容，一是工作所存在的危险因素；二是单位针对危险的防范措施；三是发生事故的应急措施。用人单位应当将前述三个方面同时告知劳动者，劳动者的知情权如果受到了用人单位的侵犯，也应当及时地向有关管理部门反映情况。

74. 生产经营单位不为员工提供必需的劳动防护用品的行为是否合法？

职场在线

闫某是某高校的一名大学生，课堂上，他总是表现得很积极，老师们都很喜欢他。由于他的学习积极性很高，他的成绩也总是名列前茅。为了磨练心智，大二暑假期间，他还决定去做暑期工。为了找到工作机会，他联系了某劳务派遣公司。几天后，该劳务派遣公司就安排他去甲建筑公司上班。正式投入工作之前，闫某要求负责人向他发放一个安全帽，负责人拒绝了他的请求，负责人称只有正式员工才有资格使用安全帽。闫某认为，安全帽属于最基本的劳动防护用品，生产经营单位为了保障员工的生命安全必须向每位员工提供一个安全帽，不论是正式员工还是临时员工都有权使用安全帽。

法律疑点

生产经营单位不给职工提供劳动防护用品的行为是否合法？

法律分析

甲建筑公司不为闫某提供安全帽的行为是违法的。

我国《安全生产法》第四十二条明确规定："生产经营单位必须为从业人员提供符合国家标准或者行业标准的劳动防护用品，并监督、教育从业人员按照使用规则佩戴、使用。"该法第四十四条规定："生产经营单位应当安排用于配备劳动防护用品、进行安全生产培训的经费。"可见，生产经营单位必须留出购置劳动防护用品的经费，将防护用品分发给从业者，并监督从业者按照规定佩戴和使用。生产经营单位未给从业人员提供符合国家标准或者行业标准的劳动防护用品的，将依照该法第九十六条的规定接受相应的处罚，构成犯罪的，还会被追究刑事责任。

劳动防护用品是为了保护从业人员安全所采取的必不可少的辅助措施，在某种意义上说，它是劳动者防止职业伤害的最后一项措施。在劳动条件差、危害程度高或集体防护措施起不到防护作用的情况下，劳动防护用品会成为保护劳动者的主要措施。尤其是建筑业从业人员发生意外事故的概率较高，为员工提供合格的劳动防护用品，也成为用人单位义不容辞的责任。

本案中，建筑公司不为暑期工提供安全帽的做法明显不符合前述法律规定。根据规定，劳动防护用品应当由建筑公司购买，并提供给员工，而不能区分其是临时工还是正式工人。

条文链接

《中华人民共和国安全生产法》

第四十二条　生产经营单位必须为从业人员提供符合国家标准或者行业标准的劳动防护用品，并监督、教育从业人员按照使用规则佩戴、使用。

第四十四条　生产经营单位应当安排用于配备劳动防护用品、进行安全生产培训的经费。

第九十六条　生产经营单位有下列行为之一的，责令限期改正，可以处五万元以下的罚款；逾期未改正的，处五万元以上二十万元以下的罚款，对其直接负责的主管人员和其他直接责任人员处一万元以上二万元以下的罚款；情节严重的，责令停产停业整顿；构成犯罪的，依照刑法有关规定追究刑事责任：

……

（四）未为从业人员提供符合国家标准或者行业标准的劳动防护用品的；

……

职场人生

生产经营单位必须为从业人员提供符合国家标准或者行业标准的劳动防护用品，不得以货币或者其他物品替代劳动防护用品。劳动者也要学会保护自己的合法权益，从事带有危险因素的工作时，一定要主动要求用人单位提供劳动防护用品，否则可以通过举报、投诉等方式维权，也可以大胆地拒绝冒险作业。

75. 职工在未掌握安全操作技能之前能否上岗作业？

职场在线

何某大学期间主修化工专业，毕业以后，他决定从事与专业相关的工作。为此，何某参加了某化工厂举办的一次招聘会，他以出众的表现通过了面试，之后，便成了该厂的一名一线操作员。上岗工作之前，何某要求化工厂对其进行安全教育培训，顺便熟悉一下工作内容。但是，工厂负责人却认为何某学的是化工专业，应当对工作内容特别熟悉，因此无须进行安全教育培训。何某只好听从安排，未经培训直接到生产车间作业。后来，不幸的事情很快就发生了，何某因不熟悉工作环境导致其误用了化工原料并引发了爆炸，不但让何某自身受到了伤害，还给工厂带来了较大的经济损失。

法律疑点

化工厂的做法是否正确，职工在未掌握安全操作技能之前能否上岗作业？

法律分析

本案中，化工厂的做法是错误的，化工厂必须对何某进行安全教育培训，在何某掌握了安全操作技能之后才能允许其上岗作业。

我国《安全生产法》第二十五条第一款规定："生产经营单位应当对从业人员进行安全生产教育和培训，保证从业人员具备必要的安全生产知识，熟悉有关的安全生产规章制度和安全操作规程，掌握本岗位的安全操作技能，了解事故应急处理措施，知悉自身在安全生产方面的权利和义务。未经安全生产教育和培训合格的从业人员，不得上岗作业。"可见，法律明确规定生产经营单位必须对从业者开展安全生产教育和培训，确保从业者掌握本岗位的安全操作技能。从业者未掌握安全操作技能之前，安全生产教育和培训不合格的，不得上岗。

生产必须安全，不安全，不生产。这是《安全生产法》对生产经营单位从事生产经营活动的根本要求。《安全生产法》在制度上保证了每位从业人员只有在具有安全生产操作的知识和能力之后才能上岗工作。另外，生产经营单位不能搞形式，走过场，必须真正确保员工掌握了本岗位的安全操作技能才能允许其上岗工作。

本案中的何某是化工厂的新员工，工厂负责人未对何某进行安全教育培训就直接要求其上岗工作。根据上述法律规定可知，化工厂的做法是错误的，何某在未掌握安全操作技能之前是不得上岗工作的。

条文链接

《中华人民共和国安全生产法》

第二十五条 生产经营单位应当对从业人员进行安全生产教育和培训，保证从业人员具备必要的安全生产知识，熟悉有关的安全生产规章制度和安全操作规程，掌握本岗位的安全操作技能，了解事故应急处理措施，知悉自身在安全生产方面的权利和义务。未经安全生产教育和培训合格的从业人员，不得上岗作业。

……

职场人生

安全生产教育和培训是生产经营单位安全生产的一项基础性工作，每一位参与生产的劳动者都是整个单位安全生产的最直接的承担者，因此，从每一位员工的安全生产培训上把关，才是保证安全生产的基础性措施。另外，只有通过安全生产教育和培训，员工才能认识危险，并对事故进行预防以及及时地处理突发事故，从而保证安全生产。用人单位要履行对员工进行安全生产教育的培训的义务，而作为劳动者也要积极要求参加单位的安全生产教育培训活动。

76. 用人单位强令冒险作业的，劳动者是否有权拒绝？

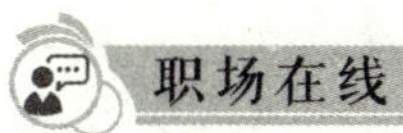

职场在线

吕某酷爱机械，他大学期间学的就是机械专业。毕业以后，他就来到甲机械制造厂工作。由于在校期间吕某已经打下了扎实的基本功，他很快就适应了这份工作。工作半年后，他就已经非常熟悉车间里的各台机器了。一次，他发现其中一台机器在运作过程中有些异样，他立即请求暂停这台机器。但是，工厂负责人拒绝了吕某的请求，负责人认为机器正在正常运作，于是要求吕某继续干活，否则就要开除吕某。吕某担心自己发生意外因而不敢再继续工作，却又不想跟负责人发生矛盾，想用道理说服负责人。但是，吕某不清楚自己是否有权拒绝负责人强令冒险作业的命令，他不知道我国相关法律对此是如何规定的。

法律疑点

请问，吕某可以拒绝单位强令冒险作业的要求吗？

法律分析

吕某有权拒绝机械厂强令冒险作业的要求。

强令冒险作业是指生产经营单位有关管理人员在明知开始或者继续作业会有重大危险的情况下，仍然强迫从业人员进行作业的行为。对此，我国《安全生产法》第五十一条明确规定："从业人员有权对本单位安全生产工作中存在的问题提出批评、检举、控告；有权拒绝违章指挥和强令冒险作业。生产经营单位不得因从业人员对本单位安全生产工作提出批评、检举、控告或者拒绝违章指挥、强令冒险作业而降低其工资、福利等待遇或者解除与其订立的劳动合同。"可见，法律明确禁止用人单位强令员工冒险作业，用人单位强令冒险作业的，员工有权拒绝并提出批评、检举和控告。另外，用人单位更不得以此为由解除与员工的劳动合同。

我国《安全生产法》赋予了从业人员拒绝强令冒险作业的权利。从业人员是劳动者，劳动者在劳动过程中的劳动权仍属于自己，由自己支配，并受到法律的保护。冒险作业不但可能给劳动者自己造成伤害，最终也将损害用人单位的利益，因此，无论是从劳动者的角度，还是从用人单位的角度出发，拒绝冒险作业百利而无一害。

本案中，机械厂要求吕某强令冒险作业，根据前述法律规定可知，吕某作为机器操作人员有权拒绝。吕某拒绝强令冒险作业的行为，也不属于违反劳动合同，用人单位更不能以此为理由解除与吕某的劳动合同。

条文链接

《中华人民共和国安全生产法》

第五十一条 从业人员有权对本单位安全生产工作中存在的问题提出批评、检举、控告；有权拒绝违章指挥和强令冒险作业。

生产经营单位不得因从业人员对本单位安全生产工作提出批评、检举、控告或者拒绝违章指挥、强令冒险作业而降低其工资、福利等待遇或者解除与其订立的劳动合同。

职场人生

劳动者拒绝强令冒险作业是为了保护自己的生命安全与健康，在一定程度上，也是在维护用人单位的利益，因此，生产经营单位不得因此降低劳动者的工资、福利等待遇或者解除与劳动者订立的劳动合同。劳动者遇到类似情况时，有权向生产经营单位提出批评，还有权向有关部门提出检举和控告。

77. 员工作业时遇到直接危及人身安全的紧急情况，可以立即停止作业吗？

职场在线

施某来自农村，几年前，他决定到大城市打拼。到了城市以后，施某特别迷茫，不知道应该从事什么工作。由于他以前在工地做过工人，便与甲建筑公司取得了联系，之后，他就成了该公司的一名工人。由于施某工作认真负责，工头经常给施某安排一些细致的活让他干。一次，工头让施某爬到脚手架上安装一批螺栓，他听从了工头的安排。但是，还没等他爬多高时，施某突然发现脚手架出现松动。施某担心脚手架随时会坍塌，为了避免摔伤，他立即停止了作业。工头认为施某小题大做，事后还向公司负责人反映了情况。负责人认同工头的观点，因而决定降低施某的工资待遇。施某认为负责人的做法侵犯了自己的合法权益，但是不清楚我国法律对此是否有相关规定。

法律疑点

施某作业时遇到直接危及人身安全的紧急情况，可否立即停止作业？

法律分析

员工作业时遇到直接危及人身安全的紧急情况时，有权立即停止作业。

对此，我国《安全生产法》第五十二条明确规定：“从业人员发现直接危及人身安全的紧急情况时，有权停止作业或者在采取可能的应急措施后撤离作业场所。生产经营单位不得因从业人员在前款紧急情况下停止作业或者采取紧急撤离措施而降低其工资、福利等待遇或者解除与其订立的劳动合同。”可见，从业人员发现直接危及人身安全的紧急情况时，有权停止作业或者在采取可能的应急措施后撤离作业场所。这是在法律所限定的特定情况下，赋予从业人员采取特定措施的权利，简称紧急撤离权。法律所限定的特定情况是“发现直接危及人身安全的紧急情况”，这是从业人员行使紧急撤离权的前提条件，只有在这种情况下，从业人员才有权采取特定措施。另外，用人单位不得以此为由降低从业人员的工资或福利待遇，更不得以此为由解除与从业人员的劳动合同。

从业人员的紧急撤离权，需要在法律所限定的特定情况下行使，即发现直接危及人身安全的紧急情况，如果不撤离会对其生命安全和健康造成直接的威胁。所以说，这一制度的主要目的是保护从业人员的人身安全和健康。从业人员行使紧急撤离权，并不属于违反单位的规章制度，也没有给用人单位造成任何损失，用人单位不得以此为由扣罚其工资等，也不得以此胁迫从业人员冒险作业。

在本案中，施某为了避免脚手架坍塌导致其摔伤的后果，紧急停止了工作，在客观条件与情势缘由上均符合我国法律的规定。因此，负责人降低施某工资待遇的做法是违法的，施某有权依法维护自己的合法权益。

条文链接

《中华人民共和国安全生产法》

第五十二条 从业人员发现直接危及人身安全的紧急情况时，有权停止作业或者在采取可能的应急措施后撤离作业场所。

生产经营单位不得因从业人员在前款紧急情况下停止作业或者采取紧急撤离措施而降低其工资、福利等待遇或者解除与其订立的劳动合同。

职场人生

劳动者在生产作业的过程中，可能会发生各种各样的突发事件，甚至会出现危及其人身安全的情形。劳动者为了保护自身的人身安全，进行紧急的避险或在采取了相应的措施后迅速撤离，这是在情势危急的情况下不得已作出的选择。生产经营单位不得因这一缘由降低从业人员的待遇，或者要求从业人员进行赔偿，否则，劳动者有权依法维护自己的合法权益。

78. 从业人员是否有义务及时报告事故隐患？

职场在线

张师傅是甲企业的一名员工，主要负责空调安装工作。由于夏季即将来临，再加上张师傅是位认真负责的老员工，工作也很受客户的认可，因此，企业分派给他的安装作业越来越多，导致他经常加班加点。不久前，在一次安装作业中，张师傅发现空调机的支架已经在运输过程中毁坏，如若继续使用极容易引发事故。但是，张师傅急于完成工作以便接孩子放学，他决定暂时不向负责人报告事故隐患，继续使用了已经毁损严重的支架。安装作业完成后，张师傅就收工离开了。就在张师傅离开后不久，空调机就坠落在地且毁损严重，所幸的是，事故并未造成人员伤亡。事故发生后，张师傅向负责人阐明了情况，负责人认为张师傅如果及时地报告就可以避免事故的发生，负责人还要求张师傅承担相应的责任。面对这次事故，张师傅后悔不已，他也觉得自己太过疏忽了。

法律疑点

从业人员是否有义务及时报告事故隐患呢？

法律分析

张师傅作为从业人员依法负有向负责人及时地报告事故隐患的义务。

事故隐患是指作业场所、设备及设施的不安全状态，人的不安全行为和管理上的缺陷。及时报告事故隐患，可以有效降低不安全因素，故我国法律将其确定为从业人员的一项法定义务。对此，我国《安全生产法》第五十六条明确规定：“从业人员发现事故隐患或者其他不安全因素，应当立即向现场安全生产管理人员或者本单位负责人报告；接到报告的人员应当及时予以处理。”可见，针对事故隐患等不安全因素，从业人员应当履行及时报告的义务；负责人接到报告后应当及时地处理，这样才能避免事故的发生。具体而言，从业人员的报告义务包括两点，一是及时报告，二是向适当的主体（现场负责人等）报告，以便其及时地作出处理。

对从业人员附加报告义务对生产经营单位及其本人而言都有很多好处，从业人员在生产经营的第一线上，最有可能发现事故隐患，自身也最容易受到事故的伤害。与此同时，安全事故虽然不可预知，但却可以通过采取有效的措施加以预防。可见，从业人员及时地报告事故隐患对安全生产和自身安全至关重要。对于此项报告义务，任何一名从业人员均需严格履行。

在本案中，张师傅作为安装空调的专业人员，在作业过程中发现空调支架已经毁坏。此时，他已经意识到了事故隐患，但是由于他急于接孩子放学，没能及时地向相关负责人报告而是安装了毁坏的支架，最后导致了事故的发生。对此，张师傅应当承担相应的责任，因为他作为从业人员未尽到及时报告事故隐患的法定义务。

条文链接

《中华人民共和国安全生产法》

第五十六条 从业人员发现事故隐患或者其他不安全因素，应当立即向现场安全生产管理人员或者本单位负责人报告；接到报告的人员应当及时予以处理。

职场人生

安全隐患的存在是事故多发的主

要成因，劳动者作为直接的从业人员应当及时地报告安全隐患。每增加一个隐患就增加了事故发生的风险；相应地，报告越早，事故隐患或者其他不安全因素所引发的危害就越小。报告贵在及时，重在及时，无论是出于劳动者自身安全的考虑，还是出于单位经营安全，我们一旦发现事故隐患，一定要及时报告。

79. 工厂是否可以封堵员工宿舍的出口？

职场在线

陶某是甲工厂的一名职员，由于甲工厂所处的地理位置比较偏僻且交通不便，陶某无法经常回家，他一直也没有找到女朋友。不久前，陶某在休假时认识了李女士，两人对彼此都有好感，很快就发展为恋人关系。假期结束后，陶某回到工厂投身到工作中去，李女士为了探望陶某打算到陶某的单位宿舍中暂住一段时间。不料，李女士拿着行李到了甲工厂门口却被门卫拦下，李女士这才发现陶某的单位为了避免外人入住职工宿舍，职工每次进出宿舍都需要手持证件；门卫在夜间还会封堵员工宿舍的各个出口。李女士认为甲工厂封堵员工宿舍出口的做法涉嫌违法，因为一旦发生意外事故，员工们将无法及时地撤离。

法律疑点

工厂是否可以封堵员工宿舍的出口呢？

法律分析

工厂不得封堵员工宿舍的出口。

我国《安全生产法》第三十九条第二款规定：“生产经营场所和员工宿舍应当设有符合紧急疏散要求、标志明显、保持畅通的出口。禁止锁闭、封堵生产经营场所或者员工宿舍的出口。”与此同时，该法第一百零二条还规定，生产经营场所和员工宿舍未设有符合紧急疏散需要、标志明显、保持畅通的出口，或者锁闭、封堵生产经营场所或者员工宿舍出口的，责令生产经营单位限期改正，可以处五万元以下的罚款，对其直接负责的主管人员和其他直接责任人员可以处一万元以下的罚款；逾期未改正的，责令停产停业整顿；构成犯罪的，依照刑法有关规定追究刑事责任。可见，我国法律明确禁止生产经营单位封堵员工宿舍的出口，生产经营单位违反本规定的，将会受到相应的惩罚。

工厂是容易发生安全事故的场所，工厂的主管人员要对职工的人身安全负责，忽视生命安全、一味地追求经济利益的做法是不被法律允许的。封堵生产经营单位的安全出口，对职工安全会造成隐患，一旦发生安全事故，职工根本就无法安全逃生。因此，这一规定在保障职工的人身自由与生命安全等方面发挥着极其重要的作用。

本案中，甲工厂封堵职工宿舍各个出口的做法既不符合法律有关禁止锁闭、封堵生产经营场所出口和员工宿舍出口的规定，也限制了职工的人身自由，还存在诸多安全隐患，一旦发生安全事故将不能及时地疏散职工，从而引发巨大的人员伤亡。

条文链接

《中华人民共和国安全生产法》

第三十九条第二款 生产经营场所和员工宿舍应当设有符合紧急疏散要求、标志明显、保持畅通的出口。禁止锁闭、封堵生产经营场所或者员工宿舍的出口。

第一百零二条 生产经营单位有下列行为之一的，责令限期改正，可以处五万元以下的罚款，对其直接负责的主管人员和其他直接责任人员可以处一万元以下的罚款；逾期未改正的，责令停产停业整顿；构成犯罪的，依照刑法有关规定追究刑事责任：

……

（二）生产经营场所和员工宿舍未设有符合紧急疏散需要、标志明显、保持畅通的出口，或者锁闭、封堵生产经营场所或者员工宿舍出口的。

职场人生

安全生产，预防为主，生产经营单位应当采取相应的措施，预防安全事故的发生。劳动者应当树立安全意识，进入工作单位后，要熟悉车间和宿舍的安全标志、安全通道等。如果发现生产经营单位的做法存在安全隐患，也应当及时报告，这样既可以避免自己人身受损，也可以避免单位财产受损。

80. 员工不服从管理违反安全生产规章制度的，生产经营单位应当如何处理？

职场在线

蒋某是某建筑公司的一名操作工，公司在规章制度中明确要求工人工作时必须佩戴安全帽等防护用具。几年以来，蒋某一直能够遵守各项规章制度，他也从未在完成工作任务过程中受过伤。随着盛夏来临，天气变得越来越炎热。蒋某认为自己工作时从来不会发生意外，为了贪图凉快，他决定工作时不再佩戴安全帽等防护用具。领班发现后，认为蒋某违反了公司的安全生产规章制度，一旦发生意外将会受到重伤，便要求蒋某立即改正。蒋某则不以为然，在未佩戴防护用具的情况下继续工作。后来，蒋某不幸被意外坠落的重物砸伤头部，只好立即住院接受治疗。蒋某出院后，要求公司报销医疗费。公司则认为，蒋某需要自担损失，因为蒋某违反安全生产规章制度在先，如果他能听从领班的劝告，他的头部就不会遭受如此严重的创伤。

法律疑点

对于这种员工不服从管理违反安全生产规章制度的情况，生产经营单位应当如何处理？

法律分析

从业人员不服从管理违反安全生产规章制度的，生产经营单位应当对其进行批评教育并给予相应的处分；员工构成犯罪的，还可以追究其刑事责任。

对此，我国《安全生产法》第一百零四条规定：“生产经营单位的从业人员不服从管理，违反安全生产规章制度或者操作规程的，由生产经营单位给予批评教育，依照有关规章制度给予处分；构成犯罪的，依照刑法有关规定追究刑事责任。”可见，从业人员必须遵守安全生产规章制度或操作规程，否则就会受到相应的处分。具体而言，从业人员不服从管理违反安全生产规章制度的，生产经营单位可以对其进行批评教育并给予其相应的处分。如果从业人员严重违反安全生产制度，还有可能会被追究刑事责任。

在生产经营作业的过程中，能起到决定作用的是人的因素。因此，为了建立有效的约束机制、实现安全生产的目标，我国法律对从业人员违反安全生产规章制度或者操作规程的情况规定了相应的处罚措施，这一规定将促使从业人员遵章守纪、服从管理、规范操作，进而可以有效地保障从业人员的人身财产安全。

本案中，蒋某作为建筑公司的一名操作工，其从事的工作任务本身就具有一定的危险性。如果蒋某能够严格佩戴安全帽等防护用具，伤势就不至于这么严重。但是，蒋某不服从管理、不听从领班的劝告，故意违反安全生产规章制度，导致了悲剧的发生。对此，单位应视具体情形对蒋某给予警告、记过、记大过、降低工资级别、留用察看、开除等处分；若构成犯罪，还可以依法追究其刑事责任。

条文链接

《中华人民共和国安全生产法》

第一百零四条 生产经营单位的从业人员不服从管理，违反安全生产规章制度或者操作规程的，由生产经营单位给予批评教育，依照有关规章制度给予处分；构成犯罪的，依照刑法有关规定追究刑事责任。

职场人生

从业人员在作业过程中，有义务严格遵守本单位的安全生产规章制度和操作规程，也有义务服从管理，正确佩戴和使用劳动防护用品。只有这样，才能确保生产过程的安全性，也才能保证自身的安全。需要强调的是，从业人员必须遵守前述义务，如有违反，就需要依法承担相应的责任。

第九章

参与企业管理

81. 公司把股份奖励给本公司职工的行为是否合法？

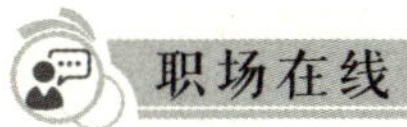

职场在线

几年以前，魏某只是一名普通的打工仔。后来，他积累了一部分资金并一手创办了甲股份有限公司。作为公司的董事长，他曾多方取经以求更新管理理念、改进管理模式。功夫不负有心人，公司在他的管理下迅速地发展起来，发展速度也越来越快。为了吸收社会闲散资金、扩大公司规模以及提高产品的市场占有率，魏某打算将公司挂牌上市，公司在上市前还依法取得了证券管理部门的批准。魏某发现有些公司为了激励本公司的职工努力工作，还会收购一些股份并把股份奖励给职工。魏某决定效仿这一做法，但是，他不清楚这一做法是否涉嫌变相收购公司股份的问题，他也不清楚此做法是否会违反我国相关法律的规定。

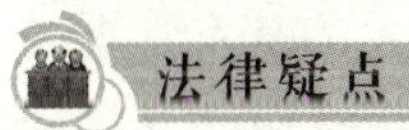

法律疑点

公司是否可以把股份作为奖励发给职工呢？

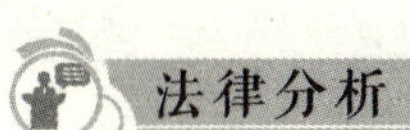

法律分析

公司可以把股份作为奖励发给职工。

具体而言，根据我国《公司法》第一百四十二条的规定可知，一般来说，公司是不得收购本公司股份的，但是，将股份奖励给本公司职工的除外。另外，我们还需要注意两点内容：一是公司因前述原因收购本公司股份的，应当经股东大会决议；二是公司依照前述原因收购的本公司股份，不得超过本公司已发行股份总额的百分之五，用于收购的资金应当从公司的税后利润中支出，所收购的股份应当在一年内转让给职工。

各国公司法一般都对公司拥有本公司的股份进行限制，因为公司拥有本公司的股份，将导致该股份所代表的资本处于虚置的地位，违反了公司资本充实的原则。另外，公司如果收购了本公司的股份，那么，股东手中的股票就会减少，公司就掌握了公司的决策权，股东的利益将受到损害。但是根据实际情况，各国法律一般又都允许因减少公司注册资本、将股份奖励给本公司职工等原因收购本公司股份的行为。

因此，本案中甲股份有限公司收购公司股份奖励给本公司职工的行为是合法的。

条文链接

《中华人民共和国公司法》

第一百四十二条 公司不得收购本公司股份。但是，有下列情形之一的除外：

（一）减少公司注册资本；

（二）与持有本公司股份的其他公司合并；

（三）将股份用于员工持股计划或者股权激励；

（四）股东因对股东大会作出的公司合并、分立决议持异议，要求公司收购其股份；

（五）将股份用于转换上市公司发行

的可转换为股票的公司债券；

（六）上市公司为维护公司价值及股东权益所必需。

公司因前款第（一）项、第（二）项规定的情形收购本公司股份的，应当经股东大会决议；公司因前款第（三）项、第（五）项、第（六）项规定的情形收购本公司股份的，可以依照公司章程的规定或者股东大会的授权，经三分之二以上董事出席的董事会会议决议。

公司依照本条第一款规定收购本公司股份后，属于第（一）项情形的，应当自收购之日起十日内注销；属于第（二）项、第（四）项情形的，应当在六个月内转让或者注销；属于第（三）项、第（五）项、第（六）项情形的，公司合计持有的本公司股份数不得超过本公司已发行股份总额的百分之十，并应当在三年内转让或者注销。

上市公司收购本公司股份的，应当依照《中华人民共和国证券法》的规定履行信息披露义务。上市公司因本条第一款第（三）项、第（五）项、第（六）项规定的情形收购本公司股份的，应当通过公开的集中交易方式进行。

公司不得接受本公司的股票作为质押权的标的。

职场人生

近年来，股份有限公司为了激励职工努力工作，大都推行了职工持股计划，即把公司股份奖励给职工，从而使职工利益与公司利益联系在一起，激励职工更好地为公司工作。劳动者在实际工作中，如果遇到公司分股份给员工的情形时，可以根据自己的需求选择，要相信这是一种合法的激励职工的奖励性措施。

82. 人事部经理能否制定公司的基本管理制度？

职场在线

金某大学期间学的是管理专业，大学毕业后，他被甲公司聘任为一名普通职员。后来，公司日渐衰败，大部分员工都跳槽到别的公司工作，只有金某对公司不离不弃。三年以后，公司在董事长的带领和金某等老员工的配合下起死回生，金某也被董事长提拔为公司的人事部经理。所谓“新官上任三把火”，金某刚一上任，就决定利用多年的经验自行制定一套公司的基本管理制度，希望能在公司内部颁布实施。董事长发现后，认为金某只须负责人事工作，无权制定公司的基本管理制度。金某的工作热情顿时受到了打击，他认为自己和董事长一起打拼才使公司起死回生，作为公司的“功臣”，自己当然有权制定公司的基本管理制度。

法律疑点

由人事部经理制定公司基本管理制度的行为是否符合我国法律的规定呢？

法律分析

人事部经理不能制定公司的基本管

理制度。

人事部经理即人事部负责人，人事部经理的职权范围一般包括拟定、修改公司人事、劳动纪律、劳资统计等有关管理制度，负责组织制定公司各部门的员工工作标准等。那么，有权制定公司基本管理制度的主体是哪个呢？对此问题，我国《公司法》第四十六条第十项规定："董事会对股东会负责，行使下列职权：……（十）制定公司的基本管理制度……"由此可见，制定公司的基本管理制度是董事会的职权之一。人事部经理只能负责其职责范围内的公司员工的一般劳动纪律、制度的制定，并不能制定公司的基本管理制度。

人事部经理主要负责主持公司人事、劳资等方面的管理工作，并执行公司各项规程和工作指令，工作内容比较单一。而公司的基本管理制度需要权衡各方面利益从而做到兼顾全局，为了达到这一目的，我国法律将制定公司基本管理制度的职权赋予了董事会。

本案中，金某作为人事部经理，由他制定公司的基本管理制度的行为已经构成越权，公司的基本管理制度只能由董事会制定。但是，公司董事会可以对金某制定的公司基本管理制度进行董事会决议，金某设计的公司基本管理制度通过决议后就是合法有效的。

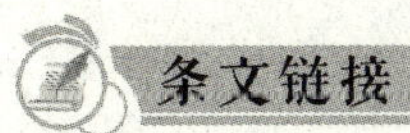

条文链接

《中华人民共和国公司法》

第四十六条　董事会对股东会负责，行使下列职权：

（一）召集股东会会议，并向股东会报告工作；

（二）执行股东会的决议；

（三）决定公司的经营计划和投资方案；

（四）制订公司的年度财务预算方案、决算方案；

（五）制订公司的利润分配方案和弥补亏损方案；

（六）制订公司增加或者减少注册资本以及发行公司债券的方案；

（七）制订公司合并、分立、解散或者变更公司形式的方案；

（八）决定公司内部管理机构的设置；

（九）决定聘任或者解聘公司经理及其报酬事项，并根据经理的提名决定聘任或者解聘公司副经理、财务负责人及其报酬事项；

（十）制定公司的基本管理制度；

（十一）公司章程规定的其他职权。

职场人生

董事会代表股东会对公司的经营实施监督和管理，如制定公司的基本管理制度、经营目标、战略规划和重大方针，提出盈利分配方案供股东大会审议、评价整个公司的经营业绩以及监督公司战略决策的执行，等等。因此，作为劳动者，应当在自己的职权范围内，做好本职工作。

83. 董事会中的职工代表是如何产生的？

职场在线

齐某现在是甲公司的董事长，因甲公司的效益很好，齐某赚得盆满钵满。回想起过往，齐某感触颇深，十几年前，他白手起家，一手创办了甲公司。其间，齐某经历了多种磨难，才使公司慢慢发展壮大起来。为了使公司获得长久的发展，他不惜重金招揽人才。不久前，公司聘任了某著名高校毕业的胡某。胡某思维活跃，富有创造力，他进入公司以来，积极地为公司建言献策，提出过很多独到的见解，对公司发展大有裨益。后来，齐某决定指派胡某为职工代表进入公司董事会。但是，公司经理蒋某告诉董事长齐某，董事会中的职工代表需要按照法律规定选举产生，而不能由董事长选定。

法律疑点

经理蒋某的说法是否正确，董事会中的职工代表是如何产生的呢？

法律分析

经理的说法是有法律依据的，董事会中的职工代表由公司职工通过职工代表大会、职工大会或者其他形式民主选举产生。

我国《公司法》第四十四条第二款规定："两个以上的国有企业或者两个以上的其他国有投资主体投资设立的有限责任公司，其董事会成员中应当有公司职工代表；其他有限责任公司董事会成员中可以有公司职工代表。董事会中的职工代表由公司职工通过职工代表大会、职工大会或者其他形式民主选举产生。"可见，普通员工可以作为职工代表成为公司董事会的成员，但不能由董事会或董事长指定，而是由公司职工通过职工代表大会、职工大会或者其他形式民主选举产生。

职工代表进入公司董事会的意义很明显，一方面能使董事会更准确地了解基层生产情况，以便实施管理活动；另一方面还有利于职工代表对董事会的管理活动进行监督。但是，如果允许董事会或者董事长直接指定选派职工代表进入董事会，就容易产生"庇佑"、任人唯亲的嫌疑，无法真正发挥职工代表的作用。

根据以上的分析可知，本案中的董事长齐某无权指派胡某为公司董事会的成员，胡某如果能通过职工代表大会或职工大会等其他形式的民主选举，就能作为职工代表成为公司的董事，和董事长同桌议事。

条文链接

《中华人民共和国公司法》

第四十四条第二款 两个以上的国有企业或者两个以上的其他国有投资主体投资设立的有限责任公司，其董事会成员中应当有公司职工代表；其他有限责任公司董事会成员中可以有公司职工代表。董事会中的职工代表由公司职工通过职工代表大会、职工大会或者其他形式民主选举产生。

第六十七条第一、二款　国有独资公司设董事会，依照本法第四十六条、第六十六条的规定行使职权。董事每届任期不得超过三年。董事会成员中应当有公司职工代表。

董事会成员由国有资产监督管理机构委派；但是，董事会成员中的职工代表由公司职工代表大会选举产生。

第一百零八条第二款　董事会成员中可以有公司职工代表。董事会中的职工代表由公司职工通过职工代表大会、职工大会或者其他形式民主选举产生。

职场人生

劳动者在单位工作过程中，如果能有幸进入公司董事会，对公司发展和自身发展都是不错的选择，但是，进入董事会并非是靠拉关系、走后门，而是需要凭借自己的真才实学。所以，劳动者就业后，要不断增强工作本领，为单位增收创效，最终受益的也将是劳动者本人。

84. 谁是职务发明创造的专利权人？发明人又有何权利？

职场在线

张某是某高校食品科学与工程专业的一位教师，2017 年 3 月，该高校接到上级部门下达的若干课题任务，其中包含对谷类食品的贮藏与保鲜技术研究。张老师以其严谨认真的专业素养和良好的为人，被系里任命为课题组带头人。经过在学校实验室数月的苦心钻研，2017 年 7 月，在张老师与小组学生的共同努力下，这一课题顺利完成，其研究的谷类食品的贮藏与保鲜技术方法进一步改进了谷类食品贮藏和保鲜技术，创新了谷类食品的贮藏方法，延长了其保鲜期。欣喜之余，张老师准备就谷类食品的贮藏与保鲜技术的改进方法申请专利，然而张老师被学校告知，该项课题的专利权归属于学校，应由学校作为申请人申请此技术的专利。

法律疑点

学校的说法符合法律规定吗？张老师对该项发明又享有什么权利？

法律分析

学校的说法符合我国法律的规定。张老师对发明创造享有取得奖励和报酬以及署名的权利。

在现实的职场生活中，职务发明创造时常存在，其权利归属问题也时常发生。根据《专利法》第六条、第十六条以及第十七条的规定，因执行本单位的任务或者主要利用本单位的物质技术条件而进行的发明创造，属职务发明创造。在发明人与单位没有特别约定的情况下，职务发明创造的专利权属于单位。但发明人享有取得奖励和报酬以及署名的权利。

在职务发明中，职工大多会利用单位的物质技术条件，因此法律规定职务发明创造的专利权属于单位。法律同时规定发明人有取得奖励和报酬以及署名的权利，这就保护了发明人的权利，体现了法律的取舍和平衡。

案例中，张老师接受学校任务并且利用学校提供的实验室进行发明创造，应属职务行为。因此该专利权属于学校。但张老师作为发明人，享有取得奖励和报酬及署名的权利。

条文链接

《中华人民共和国专利法》

第六条 执行本单位的任务或者主要是利用本单位的物质技术条件所完成的发明创造为职务发明创造。职务发明创造申请专利的权利属于该单位；申请被批准后，该单位为专利权人。

非职务发明创造，申请专利的权利属于发明人或者设计人；申请被批准后，该发明人或设计人为专利权人。

利用本单位的物质技术条件所完成的发明创造，单位与发明人或者设计人订有合同，对申请专利的权利和专利权的归属作出约定的，从其约定。

第十六条 被授予专利权的单位应当对职务发明创造的发明人或者设计人给予奖励；发明创造专利实施后，根据其推广应用的范围和取得的经济效益，对发明人或者设计人给予合理的报酬。

第十七条第一款 发明人或者设计人有权在专利文件中写明自己是发明人或者设计人。

职场人生

身为职场中人，应当时刻怀有职场人士的深谋远虑与职场智慧。单位在很大程度上为个人的发展提供了一个更为广阔的平台，使个人获得更多提升自我的机会和条件，比如进行发明创造。因此，对于因接受单位任务而进行的发明创造，法律规定该种专利权属于单位所有是比较合理的。但这并不意味着法律在用人单位和劳动者之间的失衡，作为职工，我们可以与用人单位就职务发明创造的专利权事先进行取得奖励和报酬的约定，或者事后与单位进行平等沟通，从而维护自己的合法权利和应得利益，这样，便可以在单位利益和职工个人利益之间形成良性互动和双赢。

85. 受委托创作的作品，著作权的归属问题如何确定？

职场在线

邹某是一名街头艺人，擅长作画，他的作品总能吸引无数路人驻足观看。邹某作画的时间已经长达十余年了，他的技艺已经到了炉火纯青的地步。甲公司是一家广告公司，近来，公司决定聘请一位画家为最近的一则创意广告配一幅图。后来，甲公司的负责人留意到邹某，决定委托邹某完成创作任务。甲公司向邹某提供了丰厚的酬金，邹某欣然接受了创作任务。后来，甲公司还与邹某达成了一份协议，主要就委托作品的要求、报酬以及完成期限等问题进行了约定。邹某创作完成后，甲公司对邹某提交的作品十分满意。但是，双方就作品著作权的归属问题争执不下。甲公司认为该作品是由其委托的，著作权理应归属于公司；邹某则认为协议并未就此作出明确约定，著作权归属于自己才比较公平。

法律疑点

受委托创作的作品，著作权的归属问题如何确定呢？

法律分析

本案中，甲公司与邹某达成的协议并未就委托作品著作权的归属问题作出明确地约定，该委托作品的著作权应当归属于邹某。

所谓委托作品，指的是一方作为委托方，让受托方按照委托方的要求创作完成的作品。可见，委托作品是由受托方创作完成的，受托方是作品的创作者。但是，需要明确的一点是，受托方是受委托人的委托才创作的该作品。关于委托作品著作权的归属问题，我国《著作权法》第十七条明确规定："受委托创作的作品，著作权的归属由委托人和受托人通过合同约定。合同未作明确约定或者没有订立合同的，著作权属于受托人。"由此可见，委托作品的著作权首先应当通过双方签订的委托合同加以确定；如果合同没有约定，或者根本没有订立合同的，著作权应当归属于受托人。

关于委托作品著作权的归属问题，双方当事人有约定的从约定，这充分体现了法律尊重当事人的意思自治。此外，由于受托方才是作品的真正创作者，因此，在没有约定的情况下，为了更好地鼓励创作，我国法律规定著作权应当归受托方。

在本案中，由于甲广告公司与邹某所达成的协议中并未就委托作品著作权的归属进行约定，根据以上法律规定可知，该委托作品的著作权应当依法归邹某所有。

条文链接

《中华人民共和国著作权法》

第十七条　受委托创作的作品，著作权的归属由委托人和受托人通过合同约定。合同未作明确约定或者没有订立合同的，著作权属于受托人。

职场人生

现实生活中，很多作品都是通过委托方式创作完成的。因著作权中的人身权利和财产权利可以通过合同的形式加以确定，委托作品著作权的归属亦可以由委托人和受托人通过合同进行约定。这种著作权与作者的分离，大多发生在美术、摄影、地图等作品的创作上，由于这类委托作品的完成要受委托人特定要求的约束，而非仅凭受托人的个人意志来进行，因此，确有必要将作品的著作权分配给委托人。

86. 在何种条件下，企业应当建立工会？

职场在线

喻某大学期间学的是英语专业，毕业后，喻某不愿意给别人打工，她曾一度想创办一家自己的公司。无奈囊中羞涩，喻某无法拿出办企业的资金，只好暂时找了一家公司为别的老板打工。几年以后，喻某结婚生子，家庭关系和谐，收入也越来越可观。由于有丈夫的大力支持，创办公司的念头再次在喻某心中升起，后来，她终于开了一家外贸公司。近来，公司发展地越来越快，已经有了50余位员工。员工老黄认为公司的很多事情需要工会解决，员工们的权益也需要工会进行维护，他便建议喻某组建一个工会。喻某认为公司的规模暂时还太小，根本无须建立工会。

法律疑点

法律对此是如何规定的？在何种条件下，企业应当建立工会？

法律分析

根据相关法律的规定可知，本案中喻某创办的外贸公司符合建立工会的条件。

我国《工会法》第十条第一款规定："企业、事业单位、机关有会员二十五人以上的，应当建立基层工会委员会；不足二十五人的，可以单独建立基层工会委员会，也可以由两个以上单位的会员联合建立基层工会委员会，也可以选举组织员一人，组织会员开展活动。女职工人数较多的，可以建立工会女职工委员会，在同级工会领导下开展工作；女职工人数较少的，可以在工会委员会中设女职工委员。"由此可见，当企业、事业单位、机关的会员超过25人时，就应当建立工会。会员人数不足25人的，既可以单独建立工会，也可以联合其他单位联合建立工会，还可以选出1名组织员开展工会应当负责的活动。

工会是职工自愿结合的工人阶级的群众组织。工会作为员工的代言人，可以充分保障员工的合法权益。因此，当员工人数达到法定数额时，为了保护众多员工的合法权益，我国相关法律要求公司必须建立工会。

在本案中，喻某创办的公司已经有了50余位员工，根据上述法律条文可知，该公司的人数已经符合建立工会的规定，应当建立工会。

条文链接

《中华人民共和国工会法》

第十条 企业、事业单位、机关有会员二十五人以上的，应当建立基层工会委员会；不足二十五人的，可以单独建立基层工会委员会，也可以由两个以上单位的会员联合建立基层工会委员会，也可以选举组织员一人，组织会员开展活动。女职工人数较多的，可以建立工会女职工委员会，在同级工会领导下开展工作；女职工人数较少的，可以在工会委员会中设女职工委员。

企业职工较多的乡镇、城市街道，可以建立基层工会的联合会。

县级以上地方建立地方各级总工会。

同一行业或者性质相近的几个行业，可以根据需要建立全国的或者地方的产业工会。

全国建立统一的中华全国总工会。

职场人生

工会对劳动者权益的保护有着重要的作用，达到一定规模的用人单位应当建立工会。劳动者也要知晓工会的重要性和意义，对于没有工会的单位，可以主动建议单位设立工会，这既是对单位发展的重视，也能够有效地维护自身的利益。

87. 用人单位裁员是否需要经过工会？

职场在线

柏某的工作单位是一家大型汽修厂，当初，柏某是通过“走关系”进的汽修厂。柏某到了汽修厂以后，一直处于混日子的状态，从未考虑过学习一些真本事。近几年，汽修厂因效益下跌濒临破产，需要立即停业进行整顿。厂长为了缩减成本、提高资源的利用率，打算裁减掉不合格职工。经过考察，厂长决定裁掉十余位职工，其中就包括柏某。后来，柏某才发现厂长裁员并未通知工会，柏某认为厂长的做法是违法的。为了维护自己的权益，他带领其他被裁员工向厂长提出了抗议。

法律疑点

用人单位裁员是否需要经过工会呢？

法律分析

本案中，汽修厂在裁员之前需要提前听取工会的意见。

我国《劳动法》第二十七条第一款规定：“用人单位濒临破产进行法定整顿期间或者生产经营状况发生严重困难，确需裁减人员的，应当提前三十日向工会或者全体职工说明情况，听取工会或者职工的意见，经向劳动行政部门报告后，可以裁减人员。”另外，我国《工会法》第二十一条第二款规定：“企业单方面解除职工劳动合同时，应当事先将理由通知工会，工会认为企业违反法律、法规和有关合同，要求重新研究处理时，企业应当研究工会的意见，并将处理结果书面通知工会。”由此可见，用人单位在“濒临破产进行法定整顿期间或者生产经营状况发生严重困难，确需裁减人员”以及“单方面解除职工劳动合同”两种情形下裁员的，应当经过工会。

公司在符合法定条件时可以裁员，但是裁员之前应当事先通知工会并听取工会的意见。这一规定有助于确保企业裁员活动依法进行，从而维护广大职工的合法权益。

案例中的汽修厂由于濒临破产需要在法定整顿期间内进行裁员，但是厂长裁员并未事先通知工会。根据上述分析可知，汽修厂厂长的做法是违法的。

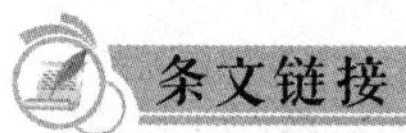

条文链接

《中华人民共和国劳动法》

第二十七条 用人单位濒临破产进行法定整顿期间或者生产经营状况发生严重困难，确需裁减人员的，应当提前三十日向工会或者全体职工说明情况，听取工会或者职工的意见，经向劳动行政部门报告后，可以裁减人员。

用人单位依据本条规定裁减人员，在六个月内录用人员的，应当优先录用被裁减的人员。

《中华人民共和国工会法》

第二十一条 企业、事业单位处分职工，工会认为不适当的，有权提出意见。

企业单方面解除职工劳动合同时，应当事先将理由通知工会，工会认为企业违反法律、法规和有关合同，要求重新研究处理时，企业应当研究工会的意见，并将处理结果书面通知工会。

职工认为企业侵犯其劳动权益而申请劳动争议仲裁或者向人民法院提起诉讼的，工会应当给予支持和帮助。

职场人生

《工会法》规定了工会对用人单位人事管理的监督权。它要求企事业单位在裁员之前必须认真考虑工会的意见，并采纳其中的合理建议。这样做既有利于维护职工的合法权益不受侵害，稳定职工的情绪，也有利于确保用人单位依法行使人事管理职权，维护经营者的权威。劳动者面临被裁员时，一定要注意用人单位的裁员程序是否合法有效。但应当说明的是，解除劳动合同的决定权最终还是掌握在企业手中，上述规定并不影响企业的自主权。

第十章

解除劳动合同

88. 当用人单位未按劳动合同约定支付报酬时，劳动者有权单方解除劳动合同吗？

职场在线

2017 年 7 月，程某应聘到一家房地产中介公司做销售员，通过几轮面试后，双方签订了劳动合同，合同中约定每月底薪 1200 元，另外每谈成一个订单会有百分之十四的提成。程某工作了一个月，等到发放工资时却只领到了 800 元，程某想不通，于是便找公司负责人询问，公司负责人声称是因为程某第一个月没有任何业绩，因此适当减薪，等程某做出业绩后工资会按照原计划发放。程某认为公司这么做已经违反了之前双方签订的劳动合同中关于工资的约定，而且拿到的工资连自己基本的生活都无法保障，实在是不愿意再在这样不守信用的公司待下去了，决定单方面与公司解除劳动合同。

法律疑点

公司未按约定发放工资，程某有权单方解除劳动合同吗？

法律分析

程某有权单方面解除与公司的劳动合同。

《劳动合同法》第三十八条规定了劳动者可以单方面解除劳动合同的几种情况：（一）用人单位未按照劳动合同约定提供劳动保护或者劳动条件的；（二）用人单位未及时足额支付劳动报酬或者未依法为劳动者缴纳社会保险费的；（三）用人单位的规章制度违反法律、法规的规定，损害劳动者权益的；（四）用人单位因欺诈等致使劳动合同无效的；（五）用人单位以暴力、威胁或者非法限制人身自由的手段强迫劳动者劳动的，或者用人单位违章指挥、强令冒险作业危及劳动者人身安全的。由此可见，当用人单位未按约定支付劳动报酬时，劳动者有权单方解除劳动合同。

劳动者在就业关系中本来就属于弱势群体，其合法权益很容易受到侵害，而获得劳动报酬的权利，不仅涉及劳动者与用人单位之间的约定，同时也关乎了劳动者的基本生活保障，是基本人权保护的要求。对此，立法机关在立法时，制定相应的保护条款也是理所当然的。

在上面的案例中，程某的薪金减少，这和最初与用人单位的约定是不同的。程某工作业绩的好坏与约定好的薪金是没有关系的，用人单位的做法属于无故克扣工资的行为，该行为严重地侵害了程某的合法权益，根据《劳动合同法》第三十八条的规定，程某可以单方面宣布解除与用人单位的劳动关系。

条文链接

《中华人民共和国劳动合同法》

第三十七条　劳动者提前三十日以书面形式通知用人单位，可以解除劳动合同。劳动者在试用期内提前三日通知用人单位，可以解除劳动合同。

第三十八条 用人单位有下列情形之一的，劳动者可以解除劳动合同：

（一）未按照劳动合同约定提供劳动保护或者劳动条件的；

（二）未及时足额支付劳动报酬的；

（三）未依法为劳动者缴纳社会保险费的；

（四）用人单位的规章制度违反法律、法规的规定，损害劳动者权益的；

（五）因本法第二十六条第一款规定的情形致使劳动合同无效的；

（六）法律、行政法规规定劳动者可以解除劳动合同的其他情形。

用人单位以暴力、威胁或者非法限制人身自由的手段强迫劳动者劳动的，或者用人单位违章指挥、强令冒险作业危及劳动者人身安全的，劳动者可以立即解除劳动合同，不需事先告知用人单位。

职场人生

用人单位聘用劳动者时，应当本着公平、平等、诚实信用的原则与劳动者约定劳动报酬等内容，并主动与劳动者签订书面劳动合同。一旦用人单位与劳动者签订劳动合同，就应当严格按照合同约定的报酬向劳动者发放工资，否则就违反了合同约定，劳动者有权单方解除劳动合同。作为劳动者，当自己的合法权益遭受到用人单位的非法侵害时，我们应该有基本的维权意识，勇于并敢于用法律武器维护自身的利益。

89. 劳动者有权随时辞掉兼职工作吗？

职场在线

刘某家住在农村，兄弟姐妹很多，家庭生活非常困难，经常入不敷出。刘某虽然通过努力学习终于考上了大学，但其上大学的学费家里还是无力承担，于是刘某便申请了国家助学贷款。上大学后，刘某为了能早点偿清贷款，减轻家里的负担，决定勤工俭学，于是，就通过同寝室室友接了一份文字编辑的兼职工作。刘某觉得做文字编辑不用风吹日晒，只需在学校用电脑完成即可，自己还可以灵活安排时间，兼顾到学习，就对这份工作做得很认真，也挣到了不少钱。转眼大学毕业了，刘某找到了一份适合自己的全职工作，没有时间再做兼职了，于是想马上跟兼职单位提出辞职。

法律疑点

刘某可以随时向兼职工作单位提出辞职吗？

法律分析

刘某可以随时向兼职工作单位提出辞职。

根据《劳动合同法》第七十一条的规定："非全日制用工双方当事人任何一方都可以随时通知对方终止用工。终止用工，用人单位不向劳动者支付经济补偿。”法律赋予非全日制用工的劳动者和用人单位双方任意解除权，但终止用工时应该通知另一方。通知可以采用书面形式，也可以采用口头通知的形式。

《劳动合同法》对非全日制用工单列一节进行规定，体现了非全日制用工的特殊性。非全日制用工的劳动者可以与一个或者一个以上的用人单位订立劳动合同关系，但后订立的劳动合同不得影响先订立的劳动合同的履行，它是现在劳动市场上劳动用工制度的一种重要形式，也是灵活就业的主要形式，对降低用工单位人工成本、缓解劳动力市场供求失衡的矛盾、减少失业现象发挥着重要的作用。

在上面的案例中，刘某为勤工助学，与文字编辑单位之间形成非全日制劳动用工关系，因此，根据相关法律法规的规定，其可以随时对用工单位提出辞去兼职工作的要求，而用工单位也无需向刘某支付经济补偿。

条文链接

《中华人民共和国劳动合同法》

第六十九条　非全日制用工双方当事人可以订立口头协议。

从事非全日制用工的劳动者可以与一个或者一个以上用人单位订立劳动合同；但是，后订立的劳动合同不得影响先订立的劳动合同的履行。

第七十一条　非全日制用工双方当事人任何一方都可以随时通知对方终止用工。终止用工，用人单位不向劳动者支付经济补偿。

职场人生

非全日制用工最突出的特点就是灵活性，其反映在合同解除权上表现为法律赋予了用人单位和劳动者双方劳动合同的任意解除权，无论是用人单位一方，还是劳动者一方，都可以随时向另一方提出解除劳动合同关系。虽然法律规定非全日制用工可以选择口头通知对方即可，但为了规避风险，避免纠纷，劳动者和用人单位之间即使是非全日制用工关系，也应该签订劳动合同，明确双方的权利义务。同时，劳动者被聘用从事非全日制工作时，还应当主动要求用人单位到当地劳动保障行政部门为其办理录用备案手续，以免事后引起不必要的纠纷和麻烦。

90. 用人单位能否因劳动者在上班路上出车祸失去工作能力而将其解聘？

职场在线

王某是某家具制造厂的工人，身体肥胖，某次听小区的邻居说每天骑自行车上下班有利于减肥，还能增强体魄，于是决定试一下，每天都骑着共享单车上下班。2017年9月20日，王某早晨照常上班，在经过一个十字路口时，见红灯已经亮了，便停下来等绿灯通行，结果还没停稳就被后面一辆小轿车撞伤。经过治疗，王某虽然没有生命危险，但左腿受伤严重，影响了其以后的生活，医生也建议他不能再做以前的工作了。事后，工厂不愿再背负王某这个大负担，家具厂的领导就以王某已经不适合继续在家具厂工作为由，找到王某，并告知厂里决定要解聘他。

法律疑点

家具厂可以因为王某在上下班途中出车祸失去工作能力而解聘他吗?

法律分析

家具厂不能因王某在上下班途中出车祸失去工作能力而解聘他。

根据我国《工伤保险条例》第十四条的规定，职工在上下班途中，受到非本人主要责任的交通事故或者城市轨道交通、客运轮渡、火车事故伤害的，应当认定为工伤；同时我国《劳动合同法》第四十二条和《劳动法》第二十九条也规定，在本单位患职业病或者因工负伤并被确认丧失或者部分丧失劳动能力的，用人单位不得解除其劳动合同。

将“上下班途中遭遇事故”纳入工伤保险的范围，是出于保障因工作遭遇事故伤害的职工获得医疗救治和经济补偿，从而促进工伤预防和职业康复的考虑，职工在被认定为工伤之后，即可享受工伤保险待遇，在职工被确认丧失或者部分丧失劳动能力时，用人单位也无权将其解聘。

在上面的案例中，王某遭遇的车祸是发生在上班途中，且并非王某的责任，因此，王某所受伤害应当认定为工伤，依法享受工伤保险待遇。另外，王某经过一段时期的治疗后，不能胜任以前的工作，家具厂还要根据王某的具体情况安排他可以胜任的工作，而不是简单地将其解聘。

条文链接

《中华人民共和国劳动合同法》

第四十二条 劳动者有下列情形之一的，用人单位不得依照本法第四十条、第四十一条的规定解除劳动合同：

……

（二）在本单位患职业病或者因工负伤并被确认丧失或者部分丧失劳动能力的；

……

《中华人民共和国劳动法》

第二十九条 劳动者有下列情形之一的，用人单位不得依据本法第二十六条、第二十七条的规定解除劳动合同：

（一）患职业病或者因工负伤并被确认丧失或者部分丧失劳动能力的；

……

《工伤保险条例》

第十四条 职工有下列情形之一的，应当认定为工伤：

……

（六）在上下班途中，受到非本人主要责任的交通事故或者城市轨道交通、客运轮渡、火车事故伤害的；

……

职场人生

法律明确规定了用人单位不得解除劳动合同的几种情形，如因工负伤丧失劳动能力的情形。对此，用人单位必须严格遵守法律的规定，不得违法解聘劳动者，而作为劳动者一方，理应主动去学习基本的劳动法律知识，这样，在遇到被违法解聘或其他情况时，可以利用法律保护自己的权益，这既是劳动者个人之幸，更是社会之幸。

91. 劳动者雇人代替自己上班，用人单位有权解聘该劳动者吗？

职场在线

张某在某国有企业已经工作6年了，一直以来工资收入都非常稳定，工作内容也轻松。但张某心里还是不满足，虽说自己在国企待遇不错，但工资相比那些下海经商的同事来讲却少得可怜，再加上现在物价又持续上涨，花钱的地方越来越多，张某认为自己也应该和其他同事一样下海经商，但又不愿意放弃现在的工作福利，思前想后，张某想到了一个“两全其美”的办法：雇人替自己上班。于是，张某借助网络平台，找了个人天天替自己打卡、上班，回避着公司领导，自己做起了生意。可没几个月就“东窗事发”了。公司领导发现后非常生气，打电话通知张某要解除公司与他的劳动合同关系。

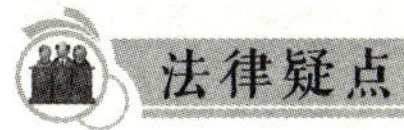

法律疑点

公司可以解聘雇人代替自己上班的张某吗？

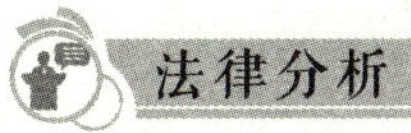

法律分析

该公司可以解聘雇人代替自己上班的张某。

在劳动关系中，劳动合同主体特定，一方是劳动者，一方是用人单位。双方签订劳动合同后，劳动者加入用人单位，成为用人单位的一员，承担一定的工种、岗位或职务，并遵守用人单位内部的规章制度。我国《劳动法》第二十五条规定，劳动者严重违反劳动纪律或者用人单位规章制度的，用人单位有权解除劳动合同。与此同时，用人单位需及时安排劳动者工作，为其提供必要的劳动条件，保证劳动者享有合法的劳动权益，按照劳动者提供的劳动数量、质量支付报酬。

需要强调的是，劳动合同具有人身性的特点，劳动合同中约定的权利、义务与劳动合同当事人的人身是不可分离的，除劳动者本人以外，其他任何人均不可代替其行使权利和履行义务。

在上面的案例中，张某既想做生意，又不想放弃国有企业的工作，所以雇用他人做“替身”代其工作，这种行为是不正确的，是严重违反公司对员工的管理制度的行为。因此，公司发现后当然可以就此解除与张某的劳动合同关系，若公司经理还没有决定解除与张某的劳动合同，则事情还有回旋余地，张某如不想放弃工作，就应当与公司协商。

条文链接

《中华人民共和国劳动法》

第十六条 劳动合同是劳动者与用人单位确立劳动关系、明确双方权利和义务的协议。

建立劳动关系应当订立劳动合同。

《中华人民共和国劳动合同法》

第三十九条 劳动者有下列情形之一的，用人单位可以解除劳动合同：

……

（二）严重违反用人单位的规章制度的；

（三）严重失职，营私舞弊，给用人单位造成重大损害的；

（四）劳动者同时与其他用人单位建立劳动关系，对完成本单位的工作任务造成严重影响，或者经用人单位提出，拒不改正的；

……

职场人生

在劳动关系当中，用人单位应当按照法律的规定和劳动合同的约定为劳动者提供合理的劳动条件、按时发放劳动报酬、组织劳动培训等，但相应的，劳动者也应当按照法律的规定和劳动合同的约定向用人单位提供劳动，遵从用人单位的劳动管理和劳动安排，遵守员工管理制度，否则，用人单位有权单方解除劳动合同，追究劳动者的违约责任。在职场当中，劳动者应当诚实守信、认真工作、爱岗敬业。事实上，劳动法律规范并不是劳动者所有行为的保护伞，当劳动者违背劳动合同约定的内容、员工管理规范或者法律规范时，其很有可能也会受到劳动法律规范的惩罚。

92. 用“末位淘汰制”解聘员工，合法吗？

职场在线

石某在大学快要毕业的时候，通过“校园招聘”进入深圳一家软件公司做销售。双方签订的劳动合同约定，石某每个月的奖金随着其售出产品的数量的变化而变化。石某因为刚毕业，没什么工作经验，所以他的业绩一直以来都是公司的最后一名，以至于奖金也不高，工作压力非常大。最近，该软件公司资金紧缺，产品卖的也不是很好，于是公司便出台了一个“末位淘汰制”的新规定，声明每月业绩排在最后一名的销售人员将会被公司解聘。石某顿时觉得压力更大了，他更加努力地跟客户沟通，向同事学习，可月底他依然排在最后一名。公司现在要解除与他的劳动关系，但石某认为公司的这种做法不合法。

法律疑点

石某所在公司规定的“末位淘汰制”的规定是否合法？

法律分析

石某所在公司规定的“末位淘汰制”是违反法律规定的。

我国《劳动法》第四条规定，用人单位应当依法建立和完善规章制度，保障劳动者享有劳动权利和履行劳动义务。法律允许并要求企业制定自己的规章制度，但同时强调企业制定的规章制度必须合法。《劳动合同法》第三十九条专门规定了用人单位解除劳动合同的具体情形，除非劳动者无法胜任工作，或者违反公司制度，或者给公司造成损失，否则用人单位不得任意解除与劳动者签订的劳动合同。

法律允许并要求企业在合法的范围内制定自己的规章制度，不仅是为了规范劳动者履行劳动义务，更是为了保障劳动者享有劳动权利。而现实生活中广泛存在的“末位淘汰”员工的公司规章制度往往仅因员工的业绩比他人低就解聘员工，但事实上，员工并没有给用人单位造成经济损失，也没有不服从用人单位的人员安排，不存在解除劳动合同的合法理由。

在上面的案例中，软件公司有权制定自己公司内部的劳动规章制度，但是，该软件公司制定的“销售人员末位淘汰制”，就其制度内容来看，不论员工工作表现如何，只要其业绩经统计是最后一名，就要被淘汰，公司就会据此解除与其的劳动合同。该软件公司规定的“末位淘汰制”不在法律规定的可解除劳动合同的法定范围之内，因而是没有法律依据的，应属无效。

条文链接

《中华人民共和国劳动法》

第四条　用人单位应当依法建立和完善规章制度，保障劳动者享有劳动权利和履行劳动义务。

《中华人民共和国劳动合同法》

第三十九条　劳动者有下列情形之一的，用人单位可以解除劳动合同：

（一）在试用期间被证明不符合录用条件的；

（二）严重违反用人单位的规章制度的；

（三）严重失职，营私舞弊，给用人单位造成重大损害的；

（四）劳动者同时与其他用人单位建立劳动关系，对完成本单位的工作任务造成严重影响，或者经用人单位提出，拒不改正的；

（五）因本法第二十六条第一款第一项规定的情形致使劳动合同无效的；

（六）被依法追究刑事责任的。

职场人生

用人单位为了便于管理劳动者，有权在单位内部制定相关的规章制度。对于那些合法有效的规章制度，劳动者应当遵守，严重违反用人单位的规章制度的，用人单位有权单方解除劳动合同。在现实生活中，很多用人单位滥用自主管理权限，制定了违反法律法规规定的员工管理或录用机制，实际上严重侵害了劳动者的合法权益，对此，劳动者应当具有辨别能力，并勇于对违法行为奋力反抗。

93. 用人单位能否因劳动者患精神疾病而将其辞退？

职场在线

大学毕业后，吴女士成功应聘到上海某服装设计公司上班，而且不久后便和自己相恋4年多的男友登记结婚，婚后生有一子。之后几年，吴女士在工作上不断进步，现在已经是该服装公司的设计总监。但是去年年初，吴女士带儿子去郊外游玩时遭遇重大车祸，虽然吴女士死里逃生，但儿子却不幸身亡，本该生活幸福的她因为这场变故整日沉浸在悲伤和回忆中无法自拔。吴女士怎么也无法接受这个事实，精神极度消沉。后来，丈夫带其做精神鉴定，医院诊断吴女士因受到严重刺激导致精神分裂，情况非常严重，治愈的希望很小。公司得知这一消息后，想要马上辞退吴女士。

法律疑点

该服装设计公司可以因吴女士患精神疾病而辞退她吗？

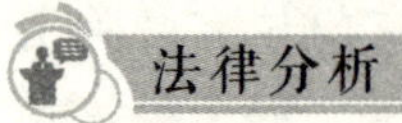

法律分析

该服装设计公司可以因吴女士患精神疾病而将其辞退。

根据《劳动合同法》第四十条之规定，劳动者患病或者非因工负伤，在规定的医疗期满后不能从事原工作，也不能从事由用人单位另行安排的工作的，用人单位提前三十日以书面形式通知劳动者本人或者额外支付劳动者一个月工资后，可以解除劳动合同。由此可见，当劳动者在工作中没有过失，但劳动合同因某种原因已经无法正常履行时，用人单位可以据此解除劳动合同。这种情况被称为非过失性辞退。

必须注意的是，非过失性辞退需要满足以下条件：首先，导致劳动者失去工作能力的疾病不能是职业病或因工负伤，即不能与用人单位有任何关系，否则用人单位不能将其辞退。其次，劳动者患病或非因工负伤，失去工作能力后，用人单位不能立即解除合同，而是必须要给予一定的医疗期，医疗期结束后，才能再商谈解除合同的事宜。据此可见，我国有关劳动者的立法是致力于保护劳动者权益的。

在上面的案例中，吴女士因儿子的离世而成为重度精神病患者，已经不能从事原来的工作，不能正常地履行与服装设计公司之间的劳动合同义务了，尽管这并不是吴女士的过错，但公司仍可以与其解除劳动合同关系。

条文链接

《中华人民共和国劳动合同法》

第四十条　有下列情形之一的，用人单位提前三十日以书面形式通知劳动者本人或者额外支付劳动者一个月工资后，可以解除劳动合同：

（一）劳动者患病或者非因工负伤，在规定的医疗期满后不能从事原工作，也不能从事由用人单位另行安排的工作的；

（二）劳动者不能胜任工作，经过培训或者调整工作岗位，仍不能胜任工作的；

（三）劳动合同订立时所依据的客观情况发生重大变化，致使劳动合同无法履行，经用人单位与劳动者协商，未能就变更劳动合同内容达成协议的。

职场人生

虽然劳动者患病或者非因工负伤的责任并不在于用人单位，但当劳动者已经无法履行劳动合同约定的工作内容或者无法从事用人单位为其另行安排的工作时，说明劳动者已经不符合该用人单位录用员工时的条件了，此时用人单位有权与其解除劳动关系，但需要提前三十日以书面形式通知劳动者本人或者额外支付劳动者一个月工资。正是因为在劳动关系中用人单位与劳动者之间的关系并不完全平等，相关法律才有意识地对劳动者这一弱势群体进行相对的倾向保护，所以劳动者也需要善于利用法律保护自己的合法权益。

94. 当企业经营发生严重困难时，可以大规模裁员吗？

职场在线

2017年6月，徐某大学毕业参加“校园应聘”后成功进入到重庆一家融资担保公司工作，在办理相应的手续后，徐某与该公司签订了为期三年的劳动合同。在衡量自己的收入水平和职业发展规划之后，徐某就在重庆按揭贷款买了房，虽然并不富裕，但徐某很开心自己能有一套属于自己的房子，而且每月还贷之后，日子也还过得去。但是在2018年年初，该融资担保公司出现经济危机，公司很难继续运营下去，濒临破产，需要裁减一部分人员。经公司高层会议决定，各部门大概要裁减百分之二十左右的员工，徐某得知自己也在其中。没了工作，自己就无法偿还房款，徐某认为公司的做法不合理，与公司协商无果后，便决定向劳动仲裁机关申请仲裁。

法律疑点

当企业经营发生严重困难时，可以大规模裁员吗？

法律分析

当企业经营发生严重困难时，是可以大规模裁员的。

根据《劳动合同法》第四十一条的规定，经济性裁员应遵循法定的程序，首先是提前30日告知工会或者全体职工，并听取工会或者职工的意见，然后向劳动部门报告裁减方案。所谓的经济性裁员，是指用人单位为了保护自己在市场经济中的竞争能力和生存能力，在濒临破产进行法定整顿期间，辞退一部分职工，以改善经营状况。由此可见，根据法律的相关规定，经济性裁员不仅需要满足一定的法定条件，还需严格遵守相应的法定程序。

企业在遭遇严重困难，有必要裁员时，经法定程序可以裁减职工，以降低人员和生产成本，提高效率。但如果没有履行法定程序，则视为裁员不合法，劳动者可以向劳动仲裁机关申请仲裁，保护自己的合法权益。

在上面的案例中，该公司出现经济危机，很难继续运营下去，濒临破产，为了能渡过难关，继而决定采取经济性裁员；可见，该公司已经具备了经济性裁员的法定事由，此种做法本来是可行的，但是该公司却没有遵守法定的程序，因此裁撤员工的行为无效，应当继续履行与徐某等人的合同。

条文链接

《中华人民共和国劳动合同法》

第四十一条第一款 有下列情形之一，需要裁减人员二十人以上或者裁减不足二十人但占企业职工总数百分之十以上的，用人单位提前三十日向工会或者全体职工说明情况，听取工会或者职工的意见后，裁减人员方案经向劳动行政部门报告，可以裁减人员：

（一）依照企业破产法规定进行重整的；

（二）生产经营发生严重困难的；

（三）企业转产、重大技术革新或者经营方式调整，经变更劳动合同后，仍需裁减人员的；

（四）其他因劳动合同订立时所依据的客观经济情况发生重大变化，致使劳动合同无法履行的。

职场人生

用人单位在生产经营发生严重困难，经营运转不利时，可以通过裁减人员的方式降低人员及生产成本，以提高经济效益，从而扭转经济状况。但是，职工也是单位不可或缺的一分子，对单位的发展有着重大作用，因此，当用人单位依法需要进行经济性裁员时，应当遵守相应的法律程序，必须提前通知工会或者职工，听取工作或者职工的意见。当劳动者遇到用人单位大规模裁员时，应当保持警惕，主动监督用人单位是否遵循正当的程序，在遭遇不当裁员时，学会向工会或相关组织寻求帮助。

95. 企业精减人员，能否将即将退休的老员工辞退？

职场在线

张大爷是某汽修工厂的老员工，已经在该工厂工作了三十多年，还有两年就达到了退休年龄，但是最近却突然收到被工厂辞退的通知书。张大爷以为是工厂搞错了，便去找工厂领导询问具体情况，工厂领导称随着科学技术的提高，汽修工厂对职工的学历也有了更高的要求，像张大爷这样高龄的老员工对新技术的学习和掌握能力都不太好，而且现在汽修厂的情况和从前也不一样了，工厂越来越大，设备越来越先进，也不再需要那么多人在厂里工作了。所以厂里决定精减人员，裁减部分职工，而张大爷就在其中。张大爷认为自己为汽修厂奉献了三十年，厂里裁减自己的做法不合理，便决定向劳动仲裁机关申请仲裁。

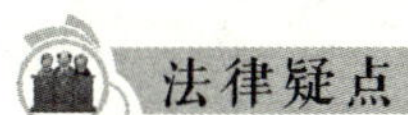

法律疑点

厂里精减人员时，可以将即将退休的张大爷辞退吗？

法律分析

厂里精减人员时，不可以将即将退休的张大爷辞退。

根据《劳动合同法》第四十二条的规定，凡在本单位连续工作满十五年，且距法定退休年龄不足五年的职工，用人单位不能与其解除劳动合同。此条意在保护那些为企业或公司作出多年奉献的老员工的权益。这是对用人单位与职工解除劳动合同的限制性条款，用人单位必须遵守该规定。

老年劳动者在劳动力市场和市场经济中面临着与年轻人一样的竞争压力，但就其自身条件而言，无论是年龄、体力，还是对新科技的学习和掌握能力等，老年人都有着太过明显的劣势。为了保护老年劳动者的合法权益，保障其老年生活质量，使其老有所依，立法机关据此制定了相应的保护条款。

在上面的案例中，张大爷作为汽修厂的老职工，如果被辞退，再就业的可能性不大，一旦其社会保险以及基本生活来源无法保障，生活就会陷入困境。而且，张大爷在汽修厂已经工作三十多年了，距离法定退休年龄只有2年，符合法律规定的不得解除劳动合同的条件，所以于情于法，张大爷都不能被该汽修厂辞退。

条文链接

《中华人民共和国劳动合同法》

第四十二条　劳动者有下列情形之一的，用人单位不得依照本法第四十条、第四十一条的规定解除劳动合同：

（一）从事接触职业病危害作业的劳动者未进行离岗前职业健康检查，或者疑似职业病病人在诊断或者医学观察期间的；

（二）在本单位患职业病或者因工负伤并被确认丧失或者部分丧失劳动能力的；

（三）患病或者非因工负伤，在规定的医疗期内的；

（四）女职工在孕期、产期、哺乳期的；

（五）在本单位连续工作满十五年，且距法定退休年龄不足五年的；

（六）法律、行政法规规定的其他情形。

职场人生

即将退休的老年劳动者，在用人单位已经奉献了多年，离开该单位后很难实现再就业，在生活和养老问题上都将会面临困难。因此，从法律层面上讲，我国劳动合同法明确规定在本单位连续工作满十五年，且距法定退休年龄不足五年的，用人单位不得与其解除劳动合同，即这一行为是被法律所明令禁止的。而且从情理上讲，用人单位辞退即将退休的老员工的做法有违社会公德，当即将退休的老员工在遭遇辞退时，应当勇于利用法律的武器保护自己。

96. 劳动者患病或非因工负伤拒绝接受工作安排，用人单位可以解聘该劳动者吗？

职场在线

陈某是某炼钢厂的老员工了，一直都在车间一线工作，平时很辛苦。最近陈某总觉得胸闷不舒服，开始以为自己感冒了，也没怎么在意，但几个月下来还是没有见好。于是，陈某就在家人的陪同下去医院就医，经过检查确诊后，陈某才得知自己患上了心脏病，医生让他马上住院治疗，并建议他换工作。陈某在医院治疗了半个多月后，情况明显好转。出院时，医嘱明确说明还要长期吃药，并且不能再继续以前的工作了。厂里根据他的情况将他安排到后勤部门做管理工作，但陈某嫌后勤工资太低，拒绝了厂里的安排。据此厂领导提出要解聘他。陈某不服厂里对他的解聘处理，决定向劳动仲裁机关申请仲裁。

法律疑点

炼钢厂可以解聘拒绝接受工作安排的陈某吗？

法律分析

炼钢厂可以解聘拒绝接受工作安排的陈某。

我国《劳动合同法》第四十条规定：“劳动者患病或者非因工负伤，在规定的医疗期满后不能从事原工作，也不能从事由用人单位另行安排的工作的，用人单位提前三十日以书面形式通知劳动者本人或者额外支付劳动者一个月工资后，可以解除劳动合同。”由此可见，当劳动者拒绝接受公司安排的工作时，公司可以解聘该劳动者，但需要提前三十日以书面形式通知劳动者本人或者额外支付劳动者一个月工资。

劳动者患病或者非因工负伤，在规定的医疗期满后应当及时回到工作岗位工作。但是一个人在患病或负伤以后，就算伤患处康复了，可能本人从体能、技能上来说已经不如以前，有的人就可能不太适合从事原工作，尤其是一些技术工、体力工，更容易出现这样的情况。劳动者出现这样的情况后，用人单位应当根据劳动者的具体情况对其进行劳动岗位的变更，使其最大限度地发挥才能。

在上面的案例中，在炼钢厂工作的陈某在患病后，体能下降，不能从事一线工作，厂里安排其到后勤从事管理工作，是照顾他的情况，厂里的做法是符合法律规定的。因此当陈某因为后勤工作收入低拒绝厂里安排新的工作岗位时，炼钢厂可以根据法律程序将其解聘。

条文链接

《中华人民共和国劳动合同法》

第四十条 有下列情形之一的，用人单位提前三十日以书面形式通知劳动者本人或者额外支付劳动者一个月工资后，可以解除劳动合同：

（一）劳动者患病或者非因工负伤，在规定的医疗期满后不能从事原工作，也不能从事由用人单位另行安排的工作的；

（二）劳动者不能胜任工作，经过培训或者调整工作岗位，仍不能胜任工作的；

（三）劳动合同订立时所依据的客观情况发生重大变化，致使劳动合同无法履行，经用人单位与劳动者协商，未能就变更劳动合同内容达成协议的。

职场人生

劳动者患病或者非因工负伤后，即使康复也很有可能无法继续从事之前的工作，离开原单位另谋职业也面临着一定的困难，因此，为了保护这些弱势劳动者的权益，法律明确规定，用人单位不得辞退劳动者而是可以为其另行安排新的工作。但是，如果劳动者既不能从事原工作，又不服从用人单位安排的新工作，那么，用人单位便可以提前三十日以书面形式通知劳动者本人或者额外支付劳动者一个月工资后将其辞退。法律对劳动者的倾向保护并不是没有节制的，在用人单位严格按照法律的规定对劳动者履行完必要的义务之后就有权将其辞退。

97. 女职工怀孕时，用人单位绝对不能将其开除吗？

职场在线

林某与男友已经恋爱7年，大学一毕业他们就结了婚。婚后不久，林某便应聘到北京一家信贷公司做文员。一年后，林某发现自己怀孕了，非常高兴，便和朋友分享自己的喜悦，在与朋友聊天的过程中，她还得知法律规定单位不能开除怀孕的女职工。于是，林某便放飞自我，胆子大了起来，不仅每天迟到早退，还缺席例会，工作也严重失职，甚至给公司造成了不小的损失。公司决定开除她，但林某却找到公司负责人说别以为她不懂法，用人单位要保护怀孕、哺乳的女职工，不能将其开除。但公司还是对林某作出了开除决定。林某不服，决定向劳动仲裁机关申请仲裁。

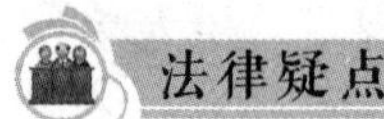

法律疑点

在林某怀孕期间，用人单位绝对不能开除她吗？

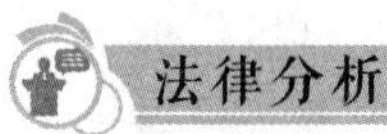

法律分析

在林某怀孕期间，用人单位并非绝对不能开除她。

我国《劳动合同法》第四十二条第四款和第三十九条规定，女职工在孕期、产期、哺乳期，用人单位不得因公司经营困难，劳动者不能胜任工作等原因将开除。但如果女职工在孕期、产期、哺乳期工作时，严重违反用人单位的规章制度的；严重失职，营私舞弊，给用人单位造成重大损害的，用人单位还是可以与其解除劳动合同。由此可见，法律对在孕期、哺乳期的女职工的特殊保护也是有条件限制的，并非绝对不能开除。

很多劳动者和用人单位都认为用人单位不得开除在孕期、产期、哺乳期的女职工，有部分女职工甚至视“怀孕”为保护伞，自我行事，我行我素，根本就无视用人单位的规章制度。但是，事实上这是对法律规定的保护女职工条款的错误理解。

案例中的林某在工作中置公司的规章制度于不顾，多次迟到早退，缺席例会，并因工作失职给公司带来了不小的损失，公司可以依照《劳动合同法》第三十九条的规定解除与其的劳动合同，而并不受其怀孕的影响。

条文链接

《中华人民共和国劳动合同法》

第三十九条 劳动者有下列情形之一的，用人单位可以解除劳动合同：

……

（二）严重违反用人单位的规章制度的；

（三）严重失职，营私舞弊，给用人单位造成重大损害的；

……

第四十二条 劳动者有下列情形之一的，用人单位不得依照本法第四十条、第四十一条的规定解除劳动合同：

……

（四）女职工在孕期、产期、哺乳期的；

……

职场人生

女职工在孕期、产期、哺乳期期间严重违反用人单位的规章制度的，用人单位同样有权将其辞退，而且，如果女职工因严重违反用人单位的规章制度给用人单位造成损失的，还应当承担相应的损害赔偿责任。对于孕期、产期、哺乳期的女职工，劳动合同法等相关法律法规都制定了特殊的保护规定，如工作时间减少、工作强度降低，但这并非是纵容女职工可以无视单位的规章制度，因此，法律对处于孕期、产期、哺乳期的女职工的保护是有条件的，其并不能因为怀孕、生产或哺乳而全部被豁免，此时，女职工仍然需要遵守公司管理制度，完成合理的工作内容。

98. 劳动者被判刑时，用人单位与其解约是否需要支付违约金？

职场在线

2017年，郑某应聘到广州某家建材厂，成为该建材厂的员工，并与公司签订了书面的劳动合同，约定劳动服务期限为三年。虽然郑某在该厂工作将近一年了，但和经理相处得非常不好，郑某认为经理经常有意无意地为难自己，抓到自己工作上的小问题喜欢揪着不放，鸡蛋里挑骨头，甚至有时还在公司全体员工面前批评自己，这让他很没有面子。用他的话来说，经理就是他的“克星”。某次，经理又在公司全体员工面前批评了郑某，他心里越来越不顺，就想着要报复一下经理。某日，郑某看到厂里新引进了一批高级生产设备，想要让经理难堪，便一口气砸坏了所有设备。最后郑某被以破坏生产经营罪判处了3个月的管制刑，公司遂决定解除与郑某的劳动合同。郑某以合同尚未到期为由，要求公司支付违约金。

法律疑点

公司解除与被判刑但劳动合同尚未到期的郑某的劳动合同需要支付违约金吗？

法律分析

公司解除与被判刑但劳动合同尚未到期的郑某的劳动合同不需要支付违约金。

根据《劳动合同法》第三十九条的相关规定，劳动者被依法追究刑事责任的，用人单位可以解除劳动合同。同时该法第四十六条规定的解除劳动合同，用人单位应当向劳动者支付经济补偿的情形也不包括此种情况。

在劳动关系中，违约金的支付往往与用人单位或者劳动者一方的违约行为挂钩，若不存在违约行为，那违约金就无从谈起。

在上面的案例中，郑某因破坏公司的生产设备，被依法追究刑事责任，建材厂是依法解除与郑某的劳动合同的，并不存在违约的事项，不必承担违约责任。当然，法律对这种情况也没有规定经济补偿的条款，所以，公司也无须给予郑某相应的经济补偿。

条文链接

《中华人民共和国劳动合同法》

第三十九条　劳动者有下列情形之一的，用人单位可以解除劳动合同：

（一）在试用期间被证明不符合录用条件的；

（二）严重违反用人单位的规章制度的；

（三）严重失职，营私舞弊，给用人单位造成重大损害的；

（四）劳动者同时与其他用人单位建立劳动关系，对完成本单位的工作任务造成严重影响，或者经用人单位提出，拒不改正的；

（五）因本法第二十六条第一款第一项规定的情形致使劳动合同无效的；

（六）被依法追究刑事责任的。

第四十六条 有下列情形之一的，用人单位应当向劳动者支付经济补偿：

（一）劳动者依照本法第三十八条规定解除劳动合同的；

（二）用人单位依照本法第三十六条规定向劳动者提出解除劳动合同并与劳动者协商一致解除劳动合同的；

（三）用人单位依照本法第四十条规定解除劳动合同的；

（四）用人单位依照本法第四十一条第一款规定解除劳动合同的；

（五）除用人单位维持或者提高劳动合同约定条件续订劳动合同，劳动者不同意续订的情形外，依照本法第四十四条第一项规定终止固定期限劳动合同的；

（六）依照本法第四十四条第四项、第五项规定终止劳动合同的；

（七）法律、行政法规规定的其他情形。

职场人生

劳动者被依法追究刑事责任，用人单位有权依法解除劳动合同，因此而解除劳动合同的，用人单位并无过错也无违约情形，故即无须承担违约责任，也无需向劳动者支付经济补偿。据此，劳动者在作为公司的成员时，不仅需要遵守公司的各项管理制度，还需遵守法律的规定，切勿做出违法乱纪的行为。

99. 负有竞业限制义务的人员离职，应该得到公司的经济补偿吗？

职场在线

杨某早年下海经商积累了一定的经验，后来就职于一家商贸公司。由于有多年的从商经验，杨某很快便做到了销售部经理的职位，与公司签订了为期5年的劳动合同。由于工作的特殊性质，合同中约定了“竞业限制”条款，即双方在解除或终止劳动合同后，杨某自离开公司之日起1年内，不得到生产经营同类产品或业务、有竞争关系的其他公司任职；也不得自己生产经营与本公司有竞争关系的同类产品或业务，否则将赔偿企业的经济损失；作为补偿，公司将按照杨某的守约情况给予经济补偿。合同期满后，杨某想寻求更好的发展，便不再与该公司续订劳动合同。由于有竞业限制，工作不好找，杨某打算休息一年，遂要求公司按合同约定给予他经济补偿。

法律疑点

负有竞业限制义务的杨某离职，应该得到公司的经济补偿吗？

法律分析

杨某当然有权要求公司给予经济补偿。

根据我国《劳动合同法》第二十三条的规定，用人单位在竞业限制期限内应按月给予劳动者经济补偿。由此可见，当负有竞业限制义务的员工离职时，用人单位应当予以经济补偿。

现如今，人才流动是一个很平常的事，人才在流动的同时，也会带走原企业的商业或技术秘密，这让企业对跳槽的员工忧心忡忡。许多企业为了避免“商业秘密”的流失，往往会在劳动合同中与掌握“商业秘密”的人员约定“竞业限制”条款，明确违约责任，把“竞业限制”当作使员工“守口如瓶”的主要手段。但企业在约定“竞业限制”同时也应当约定员工离职后在遵守该条款的前提下能得到的经济补偿，以维护员工的基本生活，保护其合法利益。

在上面的案例中，杨某作为公司的销售部经理，可能掌握公司的重要商业信息，因而公司与杨某约定了“竞业限制”条款。杨某离职后，因竞业限制一时无法找到合适的工作，符合用人单位对履行竞业限制义务的人员离职给予经济补偿的条件，因此，杨某原工作的公司应当依法按月对其进行经济补偿。

条文链接

《中华人民共和国劳动合同法》

第二十三条　用人单位与劳动者可以在劳动合同中约定保守用人单位的商业秘密和与知识产权相关的保密事项。

对负有保密义务的劳动者，用人单位可以在劳动合同或者保密协议中与劳动者约定竞业限制条款，并约定在解除或者终止劳动合同后，在竞业限制期限内按月给予劳动者经济补偿。劳动者违反竞业限制约定的，应当按照约定向用人单位支付违约金。

第二十四条第一款　竞业限制的人员限于用人单位的高级管理人员、高级技术人员和其他负有保密义务的人员。竞业限制的范围、地域、期限由用人单位与劳动者约定，竞业限制的约定不得违反法律、法规的规定。

职场人生

劳动者在与用人单位签订“竞业限制”“保密义务”条款时应同时与单位约定关于经济补偿的方式、数量等。竞业限制的期限由双方约定，但最长不得超过两年。劳动合同终止或解除后，劳动者可根据合同约定和法律规定向用人单位要求“竞业限制”的经济补偿。负有竞业限制义务的劳动者在离职之后因受限于合同的约束，短期内往往无法找到合适的工作岗位，其经济收入和生活质量会受到一定的影响，而此时用人单位因为员工对竞业限制义务的履行从中获益，据此考虑，劳动者向用人单位要求“竞业限制”的经济补偿合情合理。

*100.*用人单位有权拒绝给员工开具劳动合同解除证明吗？

职场在线

蒋某在大学期间成绩一直很优秀，毕业后不久就顺利进入北京一家房地产中介公司做销售。由于工作能力很强，而且与公司的每个同事都相处得很好，公司领导也对其非常重视，一年后蒋某就坐到了部门经理的位置。但是最近，蒋某接到妹妹的电话，说家中的老父亲身患重病，一直在住院接受治疗，家里希望蒋某能够回老家工作，那样照顾家里也比较方便。蒋某考虑到与公司的三年合同期限也将满，于是下定决心回到老家发展，所以不打算再与公司续约了。公司想尽办法对其挽留，但都未果。当蒋某离职时，公司却以各种理由迟迟不给他出具解除劳动合同的证明。蒋某多次跟公司交涉未果，导致新公司无法入职，近两个月没有收入，而父亲的医疗费也需要交，非常郁闷。

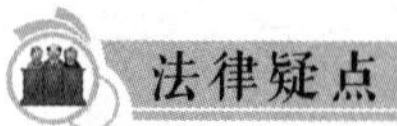

法律疑点

公司有权拒绝给蒋某开具解除劳动合同证明吗？

法律分析

公司不为蒋某开具解除劳动合同证明的行为是违法的。

根据我国《劳动合同法》第五十条第一款的规定，用人单位应当在解除或者终止劳动合同时出具解除或者终止劳动合同的证明，并在十五日内为劳动者办理档案和社会保险关系转移手续。另外，该法第八十九条也规定，用人单位违反本法规定未向劳动者出具解除或者终止劳动合同的书面证明，由劳动行政部门责令改正；给劳动者造成损害的，应当承担赔偿责任。

所谓解除劳动合同证明，指的是用人单位向劳动者出具解除或者终止劳动合同的书面凭证，表示用人单位和员工是协商解除劳动合同的。在现实生活中，解除劳动合同证明往往是劳动者进入新岗位必须提交的材料，因此，法律规定用人单位应当在解除或者终止劳动合同时出具解除或者终止劳动合同的证明，违反该规定给劳动者造成损害的，用人单位应当承担赔偿责任。此项规定能够惩戒恶意不开具解除劳动合同证明的用人单位，从而保护劳动者的合法权益。

在上面的案例中，蒋某与公司多次交涉未果，公司拒不给蒋某开具合同解除证明致使其在新公司无法入职，导致其近两个月没有收入，该公司的行为已经给蒋某造成了一定的经济损失。蒋某不但有权向劳动行政部门控告，要求公司为其开具合同解除证明，还可以要求公司赔偿他的收入损失。

条文链接

《中华人民共和国劳动合同法》

第五十条第一款 用人单位应当在

解除或者终止劳动合同时出具解除或者终止劳动合同的证明，并在十五日内为劳动者办理档案和社会保险关系转移手续。

第八十九条　用人单位违反本法规定未向劳动者出具解除或者终止劳动合同的书面证明，由劳动行政部门责令改正；给劳动者造成损害的，应当承担赔偿责任。

职场人生

劳动者入职后，用人单位应当履行与其签订劳动合同的义务；当劳动者离职时，用人单位还应当履行为其出具劳动合同解除或者终止的书面证明。用人单位拒不履行这两项义务的，劳动者均可以通过法律途径维护自己的合法权益。劳动合同解除证明是劳动者与原单位协商解除劳动合同的证明材料，这是劳动者实现再就业的重要资料。当用人单位无故不出具该项证明或因此给劳动者造成损失时，其可能会受到行政处罚或承担赔偿责任。因此，劳动者在协商离职时，可以理直气壮地要求公司为其出具劳动合同解除证明。

第十一章

劳动仲裁

101.劳动合同被依法确认无效，劳动者的损失应该由用人单位承担吗？

职场在线

沈某是一名小有名气的设计师，某次因驾驶私家车出了车祸，且交警部门认定沈某对事故负主要责任，需要赔偿对方100万元。因为沈某刚刚结婚，所以一时半会儿拿不出那么多的钱。这时，有家设计公司找到沈某说可以替他拿出100万元的赔偿款，但是沈某要和他们签订一份期限为八年的劳动合同。迫于无奈，沈某只能和此公司签订了合同。后在工作期间，公司以和沈某已经签订了合同为由，从未给沈某发过奖金以及加班的费用。无奈之下，沈某将公司诉到了法院。法院经审理确认双方之间签订的劳动合同无效。沈某为此还支付了原公司20万元的合同违约金。

法律疑点

劳动合同被确认无效后，沈某遭受的损失应该由用人单位承担吗？

法律分析

劳动合同被确认无效后，沈某遭受的损失应该由用人单位承担。

《劳动合同法》第二十六条对用人单位与劳动者之间的合同无效或者部分无效情形进行了规定，其中包括了以欺诈、胁迫的手段或者乘人之危使对方在违背真实意思的情况下订立或者变更劳动合同的情形，且该法第八十六条对合同无效情形下的损害赔偿责任也有明确的规定，遵循的是过错归责原则，即谁有过错谁就承担赔偿责任。

法律对于劳动者与用人单位之间签订的劳动合同的效力情形和无效劳动合同的责任承担问题进行了相关规定，不仅可以保护劳动合同双方当事人的意思自由，同时对规范劳动市场秩序也具有极大的作用。

在上面的案例中，一方面，沈某与所在公司签订的合同，完全是在沈某迫于无奈、违背真实意思表示下签订的，其所在公司的行为实际上就是乘人之危，根据《劳动合同法》第二十六条的规定属于无效的劳动合同，法院也依法确认了此劳动合同无效。另一方面，沈某与该公司的劳动合同被确认无效之后，依据《劳动合同法》第八十六条的规定，因该公司乘人之危的行为，造成了沈某向原公司支付20万元违约金的损害，由于该公司具有过错，其应当承担对沈某的赔偿责任，据此，对于沈某遭受的损失，用人单位应当承担赔偿责任。

条文链接

《中华人民共和国劳动合同法》

第二十六条　下列劳动合同无效或者部分无效：

（一）以欺诈、胁迫的手段或者乘人之危，使对方在违背真实意思的情况下订立或者变更劳动合同的；

……

第八十六条 劳动合同依照本法第二十六条规定被确认无效，给对方造成损害的，有过错的一方应当承担赔偿责任。

职场人生

劳动者与用人单位之间签订的劳动合同被依法确认无效后，过错方应当赔偿另一方的相关损失。在现实生活中，签订劳动合同的双方当事人应当遵循自愿原则和诚实信用原则，不能欺诈、胁迫、乘人之危，因此而使一方在违背真实意思的情况下订立或者变更的劳动合同是不具备法律效力的，如果因合同无效给对方造成了损失，那么有过错的一方应当依法予以赔偿。作为劳动者，在签订劳动合同时也应警惕，如果自己是在违背真实意思的情况下订立或者变更劳动合同的，可以主张劳动合同不具备法律效力。

102. 用人单位因提前解散而解除劳动合同，给劳动者的经济补偿标准应一致吗？

职场在线

林某法学院毕业之后一直没有找到让自己心仪的工作，为了保障自己的基本生活，林某就随便在网上找到一份工作，成为某公司的电话接线员，林某抱着试试看的态度与对方签订了为期三年的劳动合同。在工作当中，林某慢慢感受到了这份工作的意义，于是决定将三年的劳动合同期限干满。但是在林某工作两年后，因为公司经营效益不好，公司高层决定在经营期限内提前解散公司，并初步打算在年底的时候先对部分员工进行辞退，而刚好辞退的名单上面就有林某的名字。但是公司在发经济补偿的时候，所有的员工都发了1000元。林某发现比自己工作年限少的同事也发了1000元，林某对此感到很疑惑。

法律疑点

公司因提前解散而解除劳动合同，给包括林某在内的劳动者的经济补偿标准应是一致的吗？

法律分析

公司因提前解散而解除劳动合同，给劳动者的经济补偿标准是不一致的，林某在公司工作两年，可以获得两个月工资作为经济补偿金。

根据我国《劳动合同法》第四十四条第五款和第四十六条第六款的规定，用人单位由于提前解散而解除劳动合同的，应当支付劳动者经济补偿金。另外根据该法第四十七条的规定，经济补偿按劳动者在本单位工作的年限，每满一年支付一个月工资的标准向劳动者支付。六个月以上不满一年的，按一年计算；不满六个月的，向劳动者支付半个月工资的经济补偿。

一方面，法律对用人单位由于提前

解散而解除劳动合同的情况下，对劳动者应当支付的经济补偿金进行了明确而具体的规定，这主要是出于对劳动者权益的保障；另一方面，公司突然在合同期限内解散，虽然公司没有过错，但在事实上已经构成对劳动合同的违反，因此，经济补偿金理应包含这两方面的内容。

在上面的案件中，林某所在的公司因经营不善在经营期限内提前解散，按照法律规定，公司应当向劳动者支付经济补偿金，且经济补偿金的数额因劳动者的工作年限不同而不同。林某在该公司工作了两年，按照法律规定，其可以获得两个月工资的经济补偿金。

条文链接

《中华人民共和国劳动合同法》

第四十四条　有下列情形之一的，劳动合同终止：

……

（五）用人单位被吊销营业执照、责令关闭、撤销或者用人单位决定提前解散的；

……

第四十六条　有下列情形之一的，用人单位应当向劳动者支付经济补偿：

……

（六）依照本法第四十四条第四项、第五项规定终止劳动合同的；

……

第四十七条　经济补偿按劳动者在本单位工作的年限，每满一年支付一个月工资的标准向劳动者支付。六个月以上不满一年的，按一年计算；不满六个月的，向劳动者支付半个月工资的经济补偿。

劳动者月工资高于用人单位所在直辖市、设区的市级人民政府公布的本地区上年度职工月平均工资三倍的，向其支付经济补偿的标准按职工月平均工资三倍的数额支付，向其支付经济补偿的年限最高不超过十二年。

本条所称月工资是指劳动者在劳动合同解除或者终止前十二个月的平均工资。

职场人生

经济补偿金是企业依据国家有关规定或者劳动合同约定，以货币形式直接支付给职工的劳动报酬，一般根据劳动者在用人单位的工作年限和工资标准来计算具体金额。劳动者在该企业工作每满一年支付一个月工资的经济补偿；六个月以上不满一年的，按一年计算；不满六个月的，按半个月工资计算。因此，当劳动者被提前解除劳动合同，并被给付不合理的经济补偿时，应当学会寻求法律救济以保障自己的合法权益。

103. 用人单位支付的经济补偿中的“月工资”的标准是什么？

职场在线

金某是一名小有名气的软件工程师，

平时做自由职业比较多，以完成任务的工作量收取报酬。但是金某的妻子觉得这种收入来源不稳定，还是有稳定的工作收入比较靠谱，金某听取了妻子的建议，被某猎头公司聘到某软件开发公司，双方签订了两年的合同，并且约定公司以月薪二万支付报酬。但是在两年的合同期限即将届满时，公司因为资金周转不开，想辞退几名工程师。经过几位高层商议，公司决定终止与金某的劳动合同。金某知道这个消息后，认为公司如果想终止劳动合同，就应该依法给其一定的经济补偿金。但是金某不知道自己的经济补偿金中的“月工资”应该以什么样的标准支付。

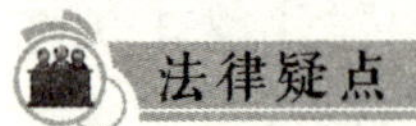

法律疑点

用人单位支付给金某的经济补偿中的“月工资”的标准是什么呢?

法律分析

用人单位支付给金某的经济补偿中的“月工资”应为金某劳动合同解除前十二个月的平均工资。

《劳动合同法》第四十七条规定：“经济补偿按劳动者在本单位工作的年限，每满一年支付一个月工资的标准向劳动者支付。六个月以上不满一年的，按一年计算；不满六个月的，向劳动者支付半个月工资的经济补偿……本条所称月工资是指劳动者在劳动合同解除或者终止前十二个月的平均工资。”且《劳动合同法实施条例》第二十七条规定：“劳动合同法第四十七条规定的经济补偿的月工资按照劳动者应得工资计算，包括计时工资或者计件工资以及奖金、津贴和补贴等货币性收入。劳动者在劳动合同解除或者终止前十二个月的平均工资低于当地最低工资标准的，按照当地最低工资标准计算。劳动者工作不满十二个月的，按照实际工作的月数计算平均工资。”因此，用人单位支付给劳动者经济补偿的“月工资”应以该劳动者的前十二个月的平均工资收入为标准发放。

法律在用人单位提前解除劳动合同的情况下，对劳动者应当支付的经济补偿金的标准进行了明确而具体的规定，这主要是出于对劳动者权益的保障。

在上面的案例中，金某在该公司工作了两年，应当获得两个月工资的经济补偿。而每月的工资标准应当按照金某月平均工资的收入支付，即金某应该获得四万元的经济补偿。

条文链接

《中华人民共和国劳动合同法》

第四十七条 经济补偿按劳动者在本单位工作的年限，每满一年支付一个月工资的标准向劳动者支付。六个月以上不满一年的，按一年计算；不满六个月的，向劳动者支付半个月工资的经济补偿。

劳动者月工资高于用人单位所在直辖市、设区的市级人民政府公布的本地区上年度职工月平均工资三倍的，向其支付经济补偿的标准按职工月平均工资三倍的数额支付，向其支付经济补偿的年限最高不超过十二年。

本条所称月工资是指劳动者在劳动合同解除或者终止前十二个月的平均工资。

《中华人民共和国劳动合同法实施条例》

第二十七条　劳动合同法第四十七条规定的经济补偿的月工资按照劳动者应得工资计算，包括计时工资或者计件工资以及奖金、津贴和补贴等货币性收入。劳动者在劳动合同解除或者终止前12个月的平均工资低于当地最低工资标准的，按照当地最低工资标准计算。劳动者工作不满12个月的，按照实际工作的月数计算平均工资。

职场人生

用人单位与劳动者解除或者终止劳动合同，依法应当支付劳动者经济补偿。对经济补偿的计发标准按照以下方式确定：1. 经济补偿月工资按劳动者应得工资计算。一般包括：（1）计时工资；（2）计件工资（包括计件超额工资）；（3）奖金；（4）津贴和补贴；（5）加班加点工资；（6）其他工资。2. 劳动者工作不满十二个月的，按实际工作的月数计算平均工资。用人单位提前解除与劳动者的劳动合同从本质上是违约行为，因此，支付劳动者经济补偿也是理所应当，当劳动者面临此种情形时，可以向用人单位主张经济补偿，而用人单位也有义务按照法律规定的标准向劳动者支付。

104. 劳动者与用人单位签订了以完成一定工作任务为期限的劳动合同，合同终止后，劳动者可以要求经济补偿吗？

职场在线

李某在大学毕业之后一直致力于室内装潢和装修设计的工作，现在在某地已经是一名小有名气的装修设计师了。经猎头公司牵线介绍，某公共传媒公司找到了李某，向其说明了想聘请李某为公司员工的意愿，并让其负责设计一座大楼的室内装潢，但是，李某需要到其公司办公。为了避免日后发生争议纠纷，李某和该公司签订了一份书面的以完成一定的工作任务为期限的劳动合同。合同签订以后，李某很快就着手设计工作，经过长时间的努力工作后，李某按约完成了这项任务，双方的劳动合同也因此而终止。但是，在某次聚会时，李某听自己当律师助理的朋友说他还可以向公司要求经济补偿。

法律疑点

与公司签订了一份以完成一定工作任务为期限的劳动合同，合同终止后，李某可以向该公司要求经济补偿吗？

法律分析

李某可以根据自己工作的时间来确定可以获得的具体补偿金额。

《劳动合同法实施条例》第二十二条规定："以完成一定工作任务为期限的劳动合同因任务完成而终止的，用人单位应当依照劳动合同法第四十七条的规定向劳动者支付经济补偿。"同时，《劳动合同法》第四十七条第一款规定："经济补偿按劳动者在本单位工作的年限，每满一年支付一个月工资的标准向劳动者支付。六个月以上不满一年的，按一年计算；不满六个月的，向劳动者支付半个月工资的经济补偿。"

法律规定以完成一定工作任务为期限的劳动合同终止后，劳动者可以向用人单位主张补偿的原因在于这种劳动合同实际上属于固定期限的劳动合同，只不过表现形式不同罢了。因此，在此类劳动合同因任务完成而终止时，用人单位应当依法向劳动者支付经济补偿的法律规定就具有了理论基础。

在上面的案例中，李某完成工作任务后，终止与该公司的劳动合同，按照法律的相关规定，用人单位还应当向李某支付相应的经济补偿，补偿标准由李某工作的时间来确定。

条文链接

《中华人民共和国劳动合同法》

第四十七条第一款 经济补偿按劳动者在本单位工作的年限，每满一年支付一个月工资的标准向劳动者支付。六个月以上不满一年的，按一年计算；不满六个月的，向劳动者支付半个月工资的经济补偿。

《中华人民共和国劳动合同法实施条例》

第二十二条 以完成一定工作任务为期限的劳动合同因任务完成而终止的，用人单位应当依照劳动合同法第四十七条的规定向劳动者支付经济补偿。

职场人生

从劳动合同制度的实践来看，以完成一定工作任务为期限的劳动合同一般适用于以下几种情况：（1）以完成单项工作任务为期限的劳动合同；（2）以项目承包方式完成承包任务的劳动合同；（3）因季节原因临时用工的劳动合同；（4）其他双方约定的以完成一定工作任务为期限的劳动合同。工作任务就是此类劳动合同的期限，工作任务一完成，劳动合同即终止。与用人单位签订以完成一定工作任务为期限的劳动合同的劳动者在劳动合同因任务完成而终止时能够要求用人单位支付经济补偿金的主要理由是该类劳动合同也可以被视为是具有一定劳动期限的合同，符合此种条件的劳动者，可以请求经济补偿。

105. 因工伤丧失劳动能力后合同依法终止的，劳动者可以因此获得赔偿吗？

职场在线

贾某因文化水平不高，之前一直在老家务农，后被同村的伙伴介绍到某造纸厂上班，平时的工作内容是负责切纸工作。在一次工作中，因为机器损坏的原因，贾某的三根手指被机器压断。虽然被工友及时送到了医院，但贾某的伤势还是很严重，并花去了大额的医疗费用。后贾某经某市人力资源和社会保障局鉴定委员会鉴定为工伤，伤残等级为九级伤残。在贾某接受治疗期间，其与造纸厂签订的劳动合同到期，在双方均同意的情况下，双方依法终止了劳动合同。但不久贾某就听说自己还可以向单位主张赔偿，但是他担心自己与造纸厂已经解除劳动关系而不能获得赔偿。

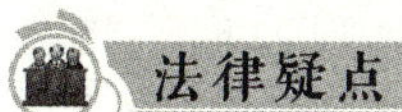

法律疑点

贾某因工伤丧失劳动能力后劳动合同依法终止，可以因此获得赔偿吗？

法律分析

贾某因工丧失劳动能力后劳动合同依法终止的，依然可以获得赔偿。

《劳动合同法实施条例》第二十三条规定："用人单位依法终止工伤职工的劳动合同的，除依照劳动合同法第四十七条的规定支付经济补偿外，还应当依照国家有关工伤保险的规定支付一次性工伤医疗补助金和伤残就业补助金。"同时，《劳动合同法》第四十五条规定："丧失或者部分丧失劳动能力劳动者的劳动合同的终止，按照国家有关工伤保险的规定执行。"《工伤保险条例》第三十七条规定，职工因工致残被鉴定为九级伤残的，享受以下待遇：（1）从工伤保险基金按伤残等级支付一次性伤残补助金，标准为：九级伤残为九个月的本人工资；（2）劳动、聘用合同期满终止，或者职工本人提出解除劳动、聘用合同的，由工伤保险基金支付一次性工伤医疗补助金，由用人单位支付一次性伤残就业补助金。一次性工伤医疗补助金和一次性伤残就业补助金的具体标准由省、自治区、直辖市人民政府规定。

法律对用人单位依法终止与工伤职工的劳动合同的情形进行了明确的规定，意在保障受伤职工或者受伤职工的家属的未来生活，同时对不同的工伤伤残等级规定了具体的补助金额，也提高了工伤保险条例等法律法规的可操作性。

在上面的案例中，贾某因工致残，与用人单位的劳动关系依法终止，应当享有经济补偿金以及依其伤残等级应当获得的一次性工伤医疗补助金和伤残就业补助金。

条文链接

《中华人民共和国劳动合同法实施条例》

第二十三条　用人单位依法终止工伤职工的劳动合同的，除依照劳动合同法第四十七条的规定支付经济补偿外，还应当依照国家有关工伤保险的规定支付一次性工伤医疗补助金和伤残就业补助金。

《中华人民共和国劳动合同法》

第四十五条　劳动合同期满，有本法第四十二条规定情形之一的，劳动合同应当续延至相应的情形消失时终止。但是，本法第四十二条第二项规定丧失或者部分丧失劳动能力劳动者的劳动合同的终止，按照国家有关工伤保险的规定执行。

《工伤保险条例》

第三十七条 职工因工致残被鉴定为七级至十级伤残的，享受以下待遇：

（一）从工伤保险基金按伤残等级支付一次性伤残补助金，标准为：七级伤残为13个月的本人工资，八级伤残为11个月的本人工资，九级伤残为9个月的本人工资，十级伤残为7个月的本人工资；

（二）劳动、聘用合同期满终止，或者职工本人提出解除劳动、聘用合同的，由工伤保险基金支付一次性工伤医疗补助金，由用人单位支付一次性伤残就业补助金。一次性工伤医疗补助金和一次性伤残就业补助金的具体标准由省、自治区、直辖市人民政府规定。

职场人生

工伤职工与用人单位签订的劳动合同依法终止的，用人单位应当按照职工在该单位的工作年限给予一定的经济补偿，除此之外，用人单位还应当依法支付该工伤职工的工伤保险待遇，即一次性工伤医疗补助金和一次性伤残就业补助金。工伤与劳动合同终止可得的经济补偿本来就属于不同的保障领域，因工受伤并被鉴定为工伤的可以获得工伤保险待遇；而劳动合同依法终止的，劳动者可以要求用人单位支付经济补偿，当劳动者具备上述条件的，可以同时申请两项保障。

106. 劳动者不按照生效的仲裁裁决执行，公司有权强制执行吗？

职场在线

董某出生在造纸世家，一直都在镇上的一家造纸厂上班，因为掌握着造纸的核心技术，所以造纸厂每月给董某10000元的工资。也正是因为有了技术上的便利，董某的朋友也打算和董某一起开一家造纸厂，董某也想多挣些钱，于是他瞒着自己上班的公司与朋友设立了一家造纸厂。由于董某的技术精湛，再加上朋友善于管理，两年的时间，两人成立的造纸厂很快就垄断了县城的卫生纸买卖。但是后来董某所在的公司知道这一情况后，就经济赔偿问题对董某提起了劳动争议仲裁。仲裁委员会依法裁定董某赔偿该公司30万元人民币，可是，裁决生效后，董某却拒不执行裁决内容，于是公司想直接强制执行。

法律疑点

董某不按照生效的仲裁裁决执行，公司有权强制执行吗？

法律分析

董某不按照生效的仲裁裁决执行，

公司无权强制执行，但是可以请求法院强制执行。

根据《劳动法》第八十三条和《劳动争议调解仲裁法》第五十一条的规定，劳动争议当事人对仲裁裁决不服的，可以自收到仲裁裁决书之日起十五日内向人民法院提起诉讼。一方当事人在法定期限内不起诉又不履行仲裁裁决的，另一方当事人可以申请人民法院强制执行。

强制执行是指法院按照法定程序，运用国家强制力量，根据执行文书的规定，强制民事义务人完成其所承担的义务，以保证权利人的权利得以实现。所以强制执行都是由人民法院执行，劳动仲裁裁决也不例外，应当由人民法院强制执行。强制执行必须有合法的执行文书，包括发生法律效力的民事判决书、裁定书以及依法应由法院执行的其他法律文书。义务人应主动、合法地履行生效法律文书，如拒不履行，权利人可申请法院强制执行。提出申请的权利人称申请人，被指名履行义务的人称被申请人，或者被执行人。

在上面的案例中，董某与其所在公司的争议经劳动仲裁委员会审理之后，生效的劳动仲裁裁决属于强制执行的法律文书，该公司是执行申请人，董某是被执行人。董某所在公司不是强制执行机关，不能自行强制执行，因此只能申请当地人民法院强制执行。

条文链接

《中华人民共和国劳动法》

第八十三条　劳动争议当事人对仲裁裁决不服的，可以自收到仲裁裁决书之日起十五日内向人民法院提起诉讼。一方当事人在法定期限内不起诉又不履行仲裁裁决的，另一方当事人可以申请人民法院强制执行。

《中华人民共和国劳动争议调解仲裁法》

第五十一条　当事人对发生法律效力的调解书、裁决书，应当依照规定的期限履行。一方当事人逾期不履行的，另一方当事人可以依照民事诉讼法的有关规定向人民法院申请执行。受理申请的人民法院应当依法执行。

职场人生

发生法律效力的调解书、裁决书都是代表了国家法律作出的合法裁决，当事人应当按照规定的期限履行。如果一方当事人逾期不履行的，另一方当事人可以向人民法院申请强制执行。人民法院的强制执行，不但是保障当事人权益的一种表现，更是国家法律尊严和威慑力的体现，换句话说，强制执行权只能由法定的机关行使，一般的市场主体不具有行使职权的资格，当一方当事人是劳动者，另一方当事人不按照生效的劳动仲裁裁决执行时，劳动者也只能向法院申请强制执行。

107.公司有权要求出卖公司客户信息的员工进行赔偿吗？

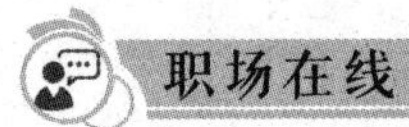

职场在线

小龙大学毕业后应聘到一家家具公司做销售。因为长得精神，口才也好，小龙的业绩一直不错，几年下来手里也积累了很多的客户。某日，小龙在和多年不见的朋友王某一起吃饭时，说起自己在家具城做得不错，手里积攒了很多客户。王某本人也在当地开了一家小型的家具公司，得知小龙手里有很多客户时，便向小龙提出高价购买他手中的客户资料。小龙一听高价便动了心，想到反正损失的不是自己而是公司时，毫不犹豫地将自己手中的客户资料都卖给了王某。不久之后，小龙出卖公司客户资料的事情便败露了，公司决定辞退他，并要求他赔偿公司损失。

法律疑点

公司是否有权要求出卖公司客户信息的小龙赔偿损失？

法律分析

公司有权要求小龙赔偿损失。

我国《劳动合同法》第三十九条规定，劳动者严重失职，营私舞弊，给用人单位造成重大损害的，用人单位可以解除劳动合同。同时《劳动合同法》第九十条和《劳动法》第一百零二条都规定，劳动者违反保密事项，对用人单位造成经济损失的，应当依法承担赔偿责任。

劳动者在用人单位的工作岗位上，应当做好本职工作，保守单位的各项工作信息。尤其是很多的工作岗位掌握着公司、企业的商业秘密，在这些岗位工作的劳动者更应该珍视这些商业秘密，不能因为一己私利的诱惑就失去了原则。劳动者一旦泄露公司、企业的商业秘密，不但会使自己面临良心的谴责，而且还会因此给自己带来实质性的不利后果。

在上面的案例中，小龙将属于公司商业秘密的客户资料私自出卖给他人，给公司带来经济损失，公司可以解除与小龙的劳动合同，且有权要求小龙赔偿公司的损失，具体数额可由双方协商确定。

条文链接

《中华人民共和国劳动合同法》

第三十九条 劳动者有下列情形之一的，用人单位可以解除劳动合同：

……

（三）严重失职，营私舞弊，给用人单位造成重大损害的；

……

第九十条 劳动者违反本法规定解除劳动合同，或者违反劳动合同中约定的保密义务或者竞业限制，给用人单位造成损失的，应当承担赔偿责任。

《中华人民共和国劳动法》

第一百零二条 劳动者违反本法规定的条件解除劳动合同或者违反劳动合

同中约定的保密事项，对用人单位造成经济损失的，应当依法承担赔偿责任。

职场人生

在现今信息时代，个人的信息资料不仅单纯的是个人的隐私，还涉及商业秘密。在职场上，劳动者在工作过程中难免会接触到用人单位的商业秘密，面对这种情况，劳动者必须遵守劳动合同中约定的保密条款，严守商业秘密，不应当将手里的商业秘密变为自己谋利的手段。如果劳动者泄露用人单位的商业秘密，用人单位有权将其辞退，给用人单位造成经济损失的，还应进行赔偿。

108. 要求补发工资提起仲裁的诉讼时效是多久？

职场在线

李某大学毕业后到了一家电子公司工作，其与公司签订了为期两年的劳动合同，合同约定公司每月向李某支付的工资为1500元，奖金另外按照每月的业绩发放。在工作期间，李某因为业绩突出，公司许诺将李某的工资上调到每月2000元，但是每月发工资的时候还是只发1500元现金，剩下500元以办理购物卡的方式给李某。两年的合同期满后，李某因为怀孕辞职在家，但是李某的工资并没有结清，每月500元的购物卡只给过李某6次。一年以后，李某想重新工作时，发现自己之前的工资没有结清，但是公司不承认。于是李某想提起仲裁。

法律疑点

李某要求补发工资提起仲裁的诉讼时效是多久呢？

法律分析

李某要求补发工资提起仲裁的诉讼时效是一年。

我国《劳动争议调解仲裁法》规定，劳动争议申请仲裁的时效期间为一年。劳动关系存续期间因拖欠劳动报酬发生争议的，劳动者申请仲裁不受本条第一款规定的仲裁时效期间的限制；但是，劳动关系终止的，应当自劳动关系终止之日起一年内提出。

法律对提起仲裁的诉讼时效进行规定，一方面是为了督促当事人及时行使自己的权利，另一方面是因为如果时间经过太久，案件的证据材料不易收集，即和诉讼案件的诉讼时效是出于同样的考虑，且同样适用中止、中断的情形。

在上面的案例中，李某离职一年多后才提起公司补发工资的事，已经过了仲裁时效，所以如果李某向劳动仲裁委员会申请仲裁，其仲裁申请依法不会得到受理。

条文链接

《中华人民共和国劳动争议调解仲裁法》

第二十七条　劳动争议申请仲裁的

时效期间为一年。仲裁时效期间从当事人知道或者应当知道其权利被侵害之日起计算。

前款规定的仲裁时效，因当事人一方向对方当事人主张权利，或者向有关部门请求权利救济，或者对方当事人同意履行义务而中断。从中断时起，仲裁时效期间重新计算。

因不可抗力或者有其他正当理由，当事人不能在本条第一款规定的仲裁时效期间申请仲裁的，仲裁时效中止。从中止时效的原因消除之日起，仲裁时效期间继续计算。

劳动关系存续期间因拖欠劳动报酬发生争议的，劳动者申请仲裁不受本条第一款规定的仲裁时效期间的限制；但是，劳动关系终止的，应当自劳动关系终止之日起一年内提出。

职场人生

劳动争议申请仲裁的时效是指劳动争议当事人在劳动争议发生后有权向劳动争议仲裁委员会申请仲裁的期限和时间的计算。在劳动争议案件发生后，当事人在一年之内有权向劳动争议仲裁委员会提出要求仲裁的申请，超过一年，当事人就因超过时效而失去了这一权利，不能再就该劳动争议事项向劳动争议仲裁委员会提出申请。劳动争议申请仲裁的时效因法定事项的出现而中断。从中断时起，仲裁时效期间重新计算。因此，当劳动者发现自己的权益正在遭受不法侵害时，应当及时地向相关单位寻求保护。

109.因为工伤正在进行仲裁，期间可以申请先予执行吗？

职场在线

林某经同村村民介绍，在某县化肥厂上班。2017年年底，因为工作量突然加大，再加上机器的磨损和老化，化肥厂发生了液体泄漏事件，造成了林某吸入性损伤（中度）。林某被送进医院后一直在接受治疗，花去了大量的医疗费用。后经某市劳动能力鉴定委员会鉴定为三级伤残，且仍需后续治疗。林某与化肥厂就工伤赔偿问题达不成一致意见，林某遂申请劳动仲裁。仲裁期间，林某在花费了15万医药费后，因为经济困难，实在无力再支付剩余的5万元药费，被迫回家休养。仲裁庭在了解了相关情况后裁定先予执行。后林某向人民法院申请执行。

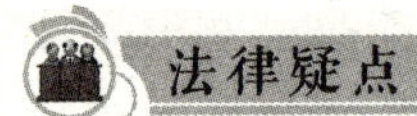

法律疑点

因争议还在仲裁中，林某可以向人民法院申请先予执行吗？

法律分析

林某可以向人民法院申请先予执行。

我国《劳动争议调解仲裁法》第四十四条规定，仲裁庭对追索劳动报酬、工伤医疗费、经济补偿或者赔偿金的案件，在当事人之间权利义务关系明确，不先予执行将严重影响申请人的生活时，根据当事人的申请，可以裁决先予执行，移送人民法院执行。

先予执行，是指人民法院在终局裁决、判决之前，为解决权利人生活或生产经营的急需，依法裁定义务人预先履行将来生效裁决中所确定的义务的一项措施。因为先予执行执行的是裁定义务人未来在裁决中所确定的义务，这种“未来的义务”是否真实存在并未经过实质审理，所以对义务人来说并不公平。这也是为什么先予执行必须要求“为了解决权利人生活或生产经营的急需”，达不到“急需”标准的，不能申请先予执行。

本案中，林某因工作量及机器原因发生伤害，属于典型的工伤事故，以此提起劳动争议仲裁。在仲裁中，因其家庭生活困难无力支付药费遂申请先予执行，完全符合法律规定，仲裁庭裁定先予执行的做法是正确的。

条文链接

《中华人民共和国劳动争议调解仲裁法》

第四十四条　仲裁庭对追索劳动报酬、工伤医疗费、经济补偿或者赔偿金的案件，根据当事人的申请，可以裁决先予执行，移送人民法院执行。

仲裁庭裁决先予执行的，应当符合下列条件：

（一）当事人之间权利义务关系明确；

（二）不先予执行将严重影响申请人的生活。

劳动者申请先予执行的，可以不提供担保。

职场人生

裁决先予执行的劳动争议案件有：追索劳动报酬的案件，追索工伤医疗费的案件，追索经济补偿的案件，追索法定赔偿金的案件。当事人申请先予执行应当符合两个条件：（1）当事人之间权利义务关系明确。（2）不先予执行将严重影响申请人的生活。如果当事人的生活并没有发生困难，不先予执行有关费用也不会影响当事人的生活，则当事人就不应当申请先予执行。仲裁庭也可以不作出先予执行的裁决。而劳动者作为特殊受保护的群体，当其具备先予执行的条件时，相关机构更应当作出积极回应，以切实保障劳动者的生活需要。

第十二章

常见职场犯罪

110. 不知财务报表中存在虚假内容，是否还需要为此承担法律责任?

职场在线

李某大学毕业之后，进入一家私企从事财务会计工作。由于工作表现突出，五年之后，李某顺利被提升为财务处的主管。由于近几年国内市场发展情景一片大好，该公司的规模越来越大，股东人数也越来越多。依照法律规定，该公司需要向股东披露近期公司的财务状况。但由于该公司有一笔资金被挪作了他用，公司高管不希望被股东们知晓，所以要求制作财务报表的科员张某做一些手脚，将资金被挪用的情况隐瞒下来。由于当时李某忙于其他事务，忽略了对报表的审核，并不知道财务报表中存在虚假内容。而正因此次公司提供的虚假财务报表，导致大多数股东的利益受到了严重损害，因此，有股东想起诉公司和李某，要求他们承担法律责任。

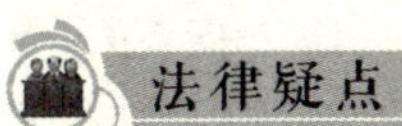

法律疑点

李某身为财务主管但对财务报表存在虚假内容全然不知，还需要承担法律责任吗?

法律分析

李某虽然对财务报表存在虚假内容全然不知，但仍需要承担相应的法律责任。

根据我国《刑法》第一百六十一条的规定，依法负有信息披露义务的公司、企业向股东和社会公众提供虚假的或者隐瞒重要事实的财务会计报告，严重损害股东或其他人利益，或有其他严重情节的，对直接负责的主管人员和其他直接责任人员，处三年以下有期徒刑或拘役，并处或者单处二万元以上二十万元以下罚金。也就是说，为了保护股东和其他人的利益，我国法律明确规定，只要存在提供虚假财务会计报告的事实，且严重损害了股东或其他人利益，那么，直接负责的主管人员和其他直接责任人员就要为此承担相应的法律责任。

从保护弱势群体的角度出发，法律明确规定提供虚假的财务会计报告是我国《刑法》规定的犯罪行为之一，相关人员要受到一定的惩罚。因为相对于公司内部人员来说，股东和社会公众只能通过公司向外披露的相关内容才能对公司的运营状况有所了解。若公司向股东或社会公众提供虚假财务会计报告，其就无法对公司的财务状况有明确认知，那么股东或其他人的利益很容易受到损害。为此法律规定，提供虚假报告导致股东或其他人利益受到严重损害的，直接负责的主管人员和其他直接责任人员需要对此承担法律责任。

在上面的案例中，李某虽然对财务报表中存在虚假内容全然不知，但作为财务处主管，负有审查的义务，应当对财务报表的内容全面负责。但由于财务处向股东提供了虚假的财务报表，导致股东的利益受到了严重损害，为此，李某作为部门主管需要承担相应的法律责任，而不能以不知道为由逃脱法律的制裁。

条文链接

《中华人民共和国刑法》

第一百六十一条 依法负有信息披露义务的公司、企业向股东和社会公众提供虚假的或者隐瞒重要事实的财务会计报告，或者对依法应当披露的其他重要信息不按照规定披露，严重损害股东或者其他人利益，或者有其他严重情节的，对其直接负责的主管人员和其他直接责任人员，处三年以下有期徒刑或者拘役，并处或者单处二万元以上二十万元以下罚金。

职场人生

若公司制作的财务会计报表不健全、存在虚假内容，不仅公司管理者很难把握公司的财务状况，无法提高公司资金的使用效率，也是一种对股东不负责的表现，很容易打消股东的积极性。如果这种行为是故意的，就是对股东和公众的一种欺诈行为，依法应受到相应的惩罚。财务会计报表对于公司、企业具有十分重要的意义，作为财务工作者，我们有义务实事求是地将工作做好。

111. 故意销毁应当保存的会计凭证，会构成犯罪吗？

职场在线

赵某和钱某是大学同学，在上学期间二人就曾共同研发了一款备受欢迎的手机网游。毕业后，赵某和钱某共同创业，并向国家申请了大学生创业贷款，成立了一家网络公司，专门开发一些适合青年玩的手机网游。他们共同开发了两款手游，上市后，深受青年人的喜爱，公司的规模也随之变大了许多。但是后来，公司的发展陷入了瓶颈期，公司账目开始出现问题，出现了资金漏洞，一时半会儿很难解决资金问题。巧合的是，这次正好赶上了税务机关例行检查公司的会计账目，为了防止税务机关发现资金漏洞问题，赵某和钱某商量后，由赵某将一些需要保存的会计凭证拿回家中销毁，做平公司财务账面。

法律疑点

赵某和钱某故意销毁应当保存的会计凭证的行为，构成犯罪吗？

法律分析

赵某和钱某故意销毁应保存的会计凭证，他们的行为已经构成了犯罪。

根据我国《刑法》第一百六十二条规定，隐匿或故意销毁依法应当保存的会计凭证、会计账簿、财务会计报告，情节严重的，处五年以下有期徒刑或拘役，并处或单处二万元以上二十万元以下罚金。单位犯前款罪的，对单位判处罚金，并对直接负责的主管人员和其他直接责任人员，依照前款的规定处罚。也就是说，负有保存会计资料义务的人员，存在故意销毁依法应当保存的会计凭证、会计账簿、账务会计报告的行为，且情节严重的，应当承担相应的法律责任。

法律要求设立规范的公司，企业应当依法保存必要的会计凭证、会计账簿、财务会计报告，这一方面可以使公司、企业能够对自己公司、企业的账目有个比较清楚的了解，另一方面也可以让相关部门掌握公司、企业的经营状况，便于依法对其进行监督。因此，公司、企业要按照国家规定的期限、方法妥善保管，需要销毁时，应当按照规定的程序办理手续，由规定的人员进行销毁，不得违反国家规定予以隐匿或者故意销毁。如果行为人实施了上述行为，且达到情节严重的程度，无论其出于何种目的，均构成犯罪，依法应受到相应的刑事惩罚。

在上面的案例中，赵某和钱某为了防止税务机关在例行检查中发现公司存在资金问题，商议由赵某负责将依法应当保存的会计凭证私自拿回家销毁。二人故意销毁会计凭证的行为情节严重，已经构成了故意销毁会计凭证罪。如果赵某和钱某的行为是代表公司做出的，则公司也能构成故意销毁会计凭证罪，均应当受到法律的制裁。

条文链接

《中华人民共和国刑法》

第一百六十二条

……

隐匿或者故意销毁依法应当保存的会计凭证、会计账簿、财务会计报告，情节严重的，处五年以下有期徒刑或者拘役，并处或者单处二万元以上二十万元以下罚金。

单位犯前款罪的，对单位判处罚金，并对其直接负责的主管人员和其他直接责任人员，依照前款的规定处罚。

……

职场人生

会计凭证、会计账簿、财务会计报告等会计资料，是税务机关及时了解、监督公司、企业财务状况的主要根据。如果我们没有按照国家规定妥善保管，而故意将这些会计资料销毁，致使公司、企业的财务状况无法真实地反映出来，且情节严重的，无论出于何种目的，均构成犯罪，依法应承担相应的刑事责任。为此，我们应依法妥善保管好必要的会计资料，这不仅有利于税务部门的监督和检查，而且也有利于我们公司、企业自身的发展与成长。

112. 因过于自信而导致锅炉房发生爆炸的，是否构成过失犯罪？

职场在线

孙某是红星工厂的车间员工，由于上了年纪，工厂担心其长时间在车间工作，身体会吃不消，所以将孙某调到了后勤工作，让其与田某共同负责工厂锅炉房的工作。平时孙某的工作很轻松，只是一到冬季供暖，工作就会比较繁忙。2018年1月10日的傍晚，孙某照常检查了锅炉的运转情况，并添加了适量的煤。刚走出房门，就接到妻子的电话，说自家的一个远房亲戚来家了，看看孙某可不可以早点回家。孙某心想，刚才已经检查过，锅炉运转正常，且刚加过煤，温度一时半会儿不会上来，所以就私自提前半小时下班了。结果当天，锅炉房就因温度过高没有及时降温而发生了爆炸，所幸没有造成人员伤亡。

法律疑点

孙某因过于自信而导致锅炉房发生爆炸，其行为是否构成过失犯罪？

法律分析

孙某因过于自信提前离开，造成了锅炉房发生爆炸的后果，其行为已经构成过失犯罪。

我国《刑法》第十五条规定：“应当预见自己的行为可能发生危害社会的结果，因为疏忽大意而没有预见，或者已经预见而轻信能够避免，以致发生这种结果的，是过失犯罪。过失犯罪，法律有规定的才负刑事责任。”过失犯罪，分为两种类型，一种是行为人应当预见自己的行为可能发生危害社会的结果，因疏忽大意而没有预见属于疏忽大意的过失；另一种是行为人已经预见自己的行为可能发生危害社会的结果，但轻信能够避免属于过于自信的过失。法律虽规定了过失犯罪，但并不是所有过失犯罪都需要承担刑事责任，只有法律有明确规定的才需要承担刑事责任，例如过失致人死亡的。

刑法不仅需要严惩犯罪，维持社会的稳定；还需要在严惩犯罪的基础上，保障行为人的合法权益不受到侵害。行为人犯罪不仅要看行为，还要看行为人在实施犯罪时的心理状态。过失犯罪，就是指行为人虽实施了“犯罪行为”，但主观上却是过失的心态，并不希望危险的发生。因此，法律虽明确规定了过失犯罪，但也明确表示并不是所有的过失犯罪都需要承担刑事责任，只有法律有明确规定时，过失犯罪才需要承担刑事责任。

在上面的案例中，孙某虽已经预见可能会造成锅炉爆炸的危险，但由于过于相信自己的判断，认为刚刚加入新煤，温度不会马上升高，且刚刚对锅炉运行进行了检查，所以提前下班，造成锅炉因高温发生了爆炸。显然，孙某因过于自信导致锅炉发生爆炸，虽未造成人员伤亡，但其行为仍构成过失犯罪。

《中华人民共和国刑法》

第十五条　应当预见自己的行为可能发生危害社会的结果，因为疏忽大意而没有预见，或者已经预见而轻信能够避免，以致发生这种结果的，是过失犯罪。

过失犯罪，法律有规定的才负刑事责任。

职场人生

劳动者在提供劳动时需要全心全意的付出，切不可粗心大意，否则很有可能构成过失犯罪，不仅给用人单位造成损失，而且也会影响到自己的职业生涯。过失犯罪主要有两种，一种是疏忽大意的过失犯罪，也就是因行为人的疏忽大意而没有预见，以致危害结果发生；另一种是过于自信的过失犯罪，即行为人已预见危险的发生而轻信能够避免，以致危害结果发生。虽然法律规定了过失犯罪，但也是只有法律明确规定的几种过失犯罪，才需要承担刑事责任。所以，在日常工作中，我们要严格按照工作要求进行，切不可过于疏忽大意或过于自信。

113. 老板指使司机逃逸的，老板是否构成交通肇事罪的共犯？

职场在线

贾某高中毕业之后，就进城打工了，因工作认真、为人诚恳，深受老板程某的喜爱。后来，程某将贾某提为自己的司机，负责接送自己上下班。一日，程某又应酬到了很晚，凌晨一点给贾某打电话，让其到皇城大酒店接自己，而当晚贾某因吃坏了肚子，一直拉肚子到深夜十二点。无奈之下，贾某只能拖着疲惫的身体，开车去接程某。在送程某回家的路上，贾某开得比较快，且精神状态也不佳，结果由于一时疏忽，将一个流浪的老人撞倒。贾某见状立马停车，打算下车去看看情况，而程某却要求贾某立马开车，态度十分强硬。无奈之下，贾某开车离开，而老人由于没有得到及时救治而死亡。

法律疑点

贾某因逃逸致人死亡构成交通肇事罪，那么指使贾某逃逸的程某是交通肇事罪的共犯吗？

法律分析

指使贾某逃逸的程某同样构成交通肇事罪，是交通肇事罪的共犯。

根据《刑法》第一百三十三条及《最高人民法院关于审理交通肇事刑事

案件具体应用法律若干问题的解释》第五条的规定，违反交通运输管理法规，因而发生重大事故，导致1人以上死亡，3人以上重伤，负事故全部或者主要责任的就需要承担刑事责任。因逃逸致人死亡的，属于交通肇事罪的法定加重情节。且在交通肇事后，单位主管人员、机动车辆所有人、承包人或者乘车人指使肇事人逃逸，致使被害人因得不到救助而死亡的，以交通肇事罪的共犯论处。

法律明确规定因逃逸致人死亡的，属于交通肇事罪的法定加重情节，因为肇事者在事故发生后，负有救治伤者、等候处理等义务。事故发生后，若肇事者不仅不履行上述义务，还为了逃避责任不顾伤者的生死而逃逸，其应承担更重的惩罚。同时，在事故发生后，指使肇事者逃逸的行为人虽然不是事故的直接责任人，但因为其教唆，导致伤者很有可能会因此死亡，所以理应将其归为交通肇事罪的共犯。

在上面的案例中，贾某因违反交通法规，撞到老人，后因逃逸致老人死亡，根据我国法律的规定，贾某已经构成交通肇事罪。而指使贾某开车逃逸的程某，在贾某逃逸事件中也起着关键性的作用，根据法律规定，其也构成交通肇事罪，是交通肇事罪的共犯。

条文链接

《中华人民共和国刑法》

第一百三十三条 违反交通运输管理法规，因而发生重大事故，致人重伤、死亡或者使公私财产遭受重大损失的，处三年以下有期徒刑或者拘役；交通运输肇事后逃逸或者有其他特别恶劣情节的，处三年以上七年以下有期徒刑；因逃逸致人死亡的，处七年以上有期徒刑。

《最高人民法院关于审理交通肇事刑事案件具体应用法律若干问题的解释》

第五条 “因逃逸致人死亡”，是指行为人在交通肇事后为逃避法律追究而逃跑，致使被害人因得不到救助而死亡的情形。

交通肇事后，单位主管人员、机动车辆所有人、承包人或者乘车人指使肇事人逃逸，致使被害人因得不到救助而死亡的，以交通肇事罪的共犯论处。

职场人生

劳动者在履行工作职责时，不仅要听从用人单位的安排，还要严格遵守法律法规的规定。根据我国法律规定，交通肇事导致1人以上死亡，3人以上重伤，负事故全部或主要责任的就承担刑事责任。因此，当事故发生后，肇事司机应履行其应尽的义务，积极救助伤者，并等候交通部门的处理，而不能因为有他人的指使，就不顾伤者的死活而逃逸。虽然我们在为老板打工，但也应有做人的基本底线。遵纪守法，是我们每一个公民应尽的义务。

114. 员工因泄愤偷拿公司大额现金，是否构成盗窃罪？

职场在线

杨某大学毕业之后，进入一家私企做起了文职工作。经过多年打拼，杨某还是没有升职，而公司给员工的福利待遇也越来越差。最近几个月，由于杨某的妈妈生病住院，杨某经常迟到早退，为此公司主管没少批评他，并称还要扣除杨某这几个月的奖金。杨某的工资本来就不高，扣除奖金后就没什么钱了。一日，杨某又被要求加班，等工作完成后，公司里就只剩他一人了。想想这几个月来所受的窝囊气，杨某气就不打一处来。当杨某经过财务处时，发现门没有锁，屋里也没有人，进去后发现财务的抽屉里有三万现金，于是，杨某就把钱拿走了。第二天，杨某才知道那三万元是公司这个月购买日常办公用品的钱。

法律疑点

杨某因泄愤偷拿公司的现金，且数额较大，是否构成盗窃罪？

法律分析

杨某的行为已经构成盗窃罪。

我国《刑法》第二百六十四条规定："盗窃公私财物，数额较大的，或者多次盗窃、入户盗窃、携带凶器盗窃、扒窃的，处三年以下有期徒刑、拘役或者管制，并处或者单处罚金；数额巨大或者有其他严重情节的，处三年以上十年以下有期徒刑，并处罚金；数额特别巨大或者有其他特别严重情节的，处十年以上有期徒刑或者无期徒刑，并处罚金或者没收财产。"盗窃罪，是指以非法占有为目的，盗窃公私财物，数额较大或多次盗窃的行为。也就是说，无论行为人出于何种目的，只要存在秘密窃取且多次盗窃或盗窃数额较大的行为，且以非法占有为目的，那么根据法律规定，就构成盗窃罪，需要承担相应的刑事责任。

盗窃罪是最为古老的侵犯财产犯罪，不仅会造成公私财产的损失，还会影响社会秩序的稳定。法律对盗窃罪有明确的规定，在职场中，劳动者很有可能会因种种原因而实施盗窃行为，致使公司、企业或他人财产遭受损失。为此，法律明确规定了盗窃罪的构成要件，这样不仅可以让民众心中有明确的界限，同时还可以起到一定的警示作用，从而真正起到维护社会稳定的目的。

在上面的案例中，杨某虽然只是为了泄愤，才将公司用于购买日常办公用品的钱拿走的，但是他在偷拿现金的时候，仍是出于非法占有的目的，且其盗窃的现金金额较大，根据法律规定，已经构成盗窃罪，故杨某需要为自己的行为承担相应的法律责任。

条文链接

《中华人民共和国刑法》

第二百六十四条　盗窃公私财物，

数额较大的，或者多次盗窃、入户盗窃、携带凶器盗窃、扒窃的，处三年以下有期徒刑、拘役或者管制，并处或者单处罚金；数额巨大或者有其他严重情节的，处三年以上十年以下有期徒刑，并处罚金；数额特别巨大或者有其他特别严重情节的，处十年以上有期徒刑或者无期徒刑，并处罚金或者没收财产。

职场人生

构成盗窃罪需要具备以下条件：（1）行为人具有非法占有公私财物的目的；（2）行为人实施了秘密窃取的行为；（3）盗窃的公私财物数额较大或者多次盗窃的。无论出于何种目的，只要实施了盗窃行为，不仅给公司或他人带来财物上的损失，同时也会使得自己牵涉刑事案件，进而影响自己的家庭和工作。作为劳动者，我们应该用自己的劳动来换取属于自己的报酬，即使用人单位存在压榨职工等不当行为，我们也应该拿起法律武器来保护自己的合法权益，而不能乱来。

115. 以牟利为目的在互联网上传播淫秽物品的行为，构成何种犯罪？

职场在线

大学毕业后，计算机专业的陈某，如愿进入了一家网络公司工作。进入公司后，陈某被分配到了网页开发部，主要是根据客户的需求制作一些网页，并公布到相应的网站上。后来陈某被调到了网站开发部，从事网站的开发工作。不久前，陈某在浏览一家外国网站时，发现制作色情网页卖给国外的网站，可以获得丰厚的报酬。为此，陈某主动联系了一家外国网站，并根据他们的要求制作了色情网页，而该网站也如约给了陈某报酬。陈某见有利可图，又私自制作了一些色情网页传到了某网站中，并以付费的方式收取浏览的费用。就这样，陈某一边正常上班，一边从事着色情网页的制作，从中获取了丰厚的报酬。

法律疑点

陈某这种以牟利为目的，在互联网上传播淫秽物品的行为，构成何罪？

法律分析

陈某的行为已经构成了传播淫秽物品牟利罪。

根据我国《刑法》第三百六十三条的规定，以牟利为目的，制作、复制、出版、贩卖、传播淫秽物品的，处三年以下有期徒刑、拘役或者管制，并处罚金；情节严重的，处三年以上十年以下有期徒刑，并处罚金；情节特别严重的，处十年以上有期徒刑或者无期徒刑，并处罚金或者没收财产。同时，根据《全国人大常委会关于维护互联网安全的决定》，在互联网上传播淫秽物品，危及社会市场经济秩序和管理秩序，构成犯罪的要严厉打击。即行为人以牟利为目的，传播淫秽物品，就会构成传播淫秽物品牟利罪。可见要构成本罪必须要有牟利的目的，当然如果不以牟利为目的，仅是传播淫秽物品，那将仅构成传播淫秽物品罪。

法律中明确规定，只要存在制作、复制、贩卖、传播淫秽物品行为之一的，均构成犯罪，要承担相应的法律后果。淫秽物品侵害了社会主义新风尚和国家对文化市场的管理秩序要求，因此我国对淫秽物品坚决打击，任何制作、复制、出版、贩卖、传播淫秽物品的行为都要受到法律制裁。

在上面的案例中，陈某先是将制作的色情网页高价卖给国外的网站，后将自己制作的色情网页发布到网络中，并收取一定的浏览费用，可见，陈某不仅是在传播淫秽物品，而且是以牟利为目的。因此，陈某的行为已经构成传播淫秽物品牟利罪。

条文链接

《中华人民共和国刑法》

第三百六十三条　以牟利为目的，制作、复制、出版、贩卖、传播淫秽物品的，处三年以下有期徒刑、拘役或者管制，并处罚金；情节严重的，处三年以上十年以下有期徒刑，并处罚金；情节特别严重的，处十年以上有期徒刑或者无期徒刑，并处罚金或者没收财产。

为他人提供书号，出版淫秽书刊的，处三年以下有期徒刑、拘役或者管制，并处或者单处罚金；明知他人用于出版淫秽书刊而提供书号的，依照前款的规定处罚。

《全国人民代表大会常务委员会关于维护互联网安全的决定》

三、为了维护社会主义市场经济秩序和社会管理秩序，对有下列行为之一，构成犯罪的，依照刑法有关规定追究刑事责任：

……

（五）在互联网上建立淫秽网站、网页，提供淫秽站点链接服务，或者传播淫秽书刊、影片、音像、图片。

职场人生

淫秽物品严重侵害了我国公民的精神健康和国家对文化市场管理秩序的要求，是社会中的一颗精神毒瘤。我国法律明确规定，以牟利为目的，制作、复制、出版、贩卖、传播淫秽物品的，构成传播淫秽物品牟利罪。即使没有以牟利为目的，只是实施了上述行为，仍会构成犯罪，受到法律制裁。因此，我们在工作中，一定要做好本职工作，并要在法律的框架下规范自己的职业行为，严守法律红线和职业底线，切不可为了一己私利，而触碰法律的红线。

116. 为了不缴纳税款，威胁、殴打税务工作人员的行为，构成犯罪吗？

职场在线

周某高中毕业之后，就到社会中打拼了。后来，通过自己的不断努力，周某在市区繁华地段租了一家门面，专门卖装修用品，生意做得非常红火。但天有不测风云，去年，一批进口油漆出现了质量问题，很多消费者都要求赔偿，周某的生意一落千丈。好多债权人见周某的生意越来越差，都纷纷要求他偿还自己的债务，周某的处境十分困难，为此，周某已经拖欠了三个月的税款。一日，税务机关工作人员再次亲自上门催要税款，周某再也无法逃避，但自己确实没有钱，于是先是以自杀威胁税务工作人员，见没有用，就又随手捡起木棍，殴打税务工作人员，后将税务工作人员吴某打成轻微伤。

法律疑点

为了逃避纳税，周某又是威胁又是殴打税务工作人员，其行为构成犯罪吗？

法律分析

周某的行为已经构成了抗税罪。

我国《刑法》第二百零二条规定：“以暴力、威胁方法拒不缴纳税款的，处三年以下有期徒刑或者拘役，并处拒缴税款一倍以上五倍以下罚金；情节严重的，处三年以上七年以下有期徒刑，并处拒缴税款一倍以上五倍以下罚金。”在司法实践中，只要行为人实施了以暴力、威胁方法抗拒纳税的行为，就构成犯罪。此罪的犯罪主体只能是自然人，单位不能构成本罪的犯罪主体。同时，如果行为人在暴力抗税过程中，致他人重伤或者死亡的，应以故意杀人罪或者故意伤害罪论处，而非单纯的抗税罪。

法律不仅保护纳税人的合法权益，同时会给予那些逃税、漏税甚至抗税的纳税人相应的惩罚。法律虽然规定只要行为人实施了以威胁、暴力方式抗税的行为，就构成抗税罪，但应注意的是，并不是所有的抗税行为都会被定罪处罚，应当根据情节的轻重来判断罪与非罪，从而更好地达到警示教育的目的。犯罪情节可以从以下两方面考虑：一是暴力程度、后果及威胁的内容。如只是一般的争执、推吵，或只是一般的威胁、情节较轻的，不按犯罪处理较妥；二是抗拒的税款数额，如数额较小，也不宜以抗税罪论处。

在上面的案例中，周某为了逃避缴纳三个月的税款，先是以自杀的方式威胁税务工作人员，后又用棍子殴打税务工作人员，致税务工作人员受伤，其行为已经触犯了刑法的规定，构成了抗税罪，应当承担相应的法律责任。

条文链接

《中华人民共和国刑法》

第二百零二条 以暴力、威胁方法拒不缴纳税款的，处三年以下有期徒刑或者拘役，并处拒缴税款一倍以上五倍以下罚金；情节严重的，处三年以上七年以下有期徒刑，并处拒缴税款一倍以上五倍以下罚金。

职场人生

依法纳税是每个纳税人的义务，但生活中偷税、漏税甚至于抗税的行为却屡见不鲜。抗税罪，是指负有缴纳税款义务的纳税人，以威胁、暴力的方式拒不缴纳税款的行为。在司法实践中，只要存在以威胁、暴力方式抗税的行为，就构成抗税罪。作为纳税人，我们享有受到国家、社会、法律保护的权利，同样，我们也有依法纳税的义务，无论我们处境如何，都不能以任何理由漏税、偷税甚至抗税，否则我们终将会受到法律的制裁。

117. 为保护公司财物，与歹徒搏斗过程中失手将其打死的，可以认定为正当防卫吗？

职场在线

吴某大学毕业后，就进入了一家小型公司做出纳。眼看需要发放工资了，财务处主管彭某让吴某跟他去银行取款，用于发放三月份员工的工资。当日，吴某与彭某驾车来到了某银行营业厅，办好取款手续后，吴某与彭某一前一后走出了营业厅，结果走在后面且携带巨款的彭某被一个不明来历的人突然撞倒，随后一个身穿黑色衣服的男子过来抢夺彭某手中的手提袋。吴某见状，立马冲了过去，与黑衣男子扭打在了一起，在扭打过程中，黑衣男子掏出刀子刺向吴某，吴某情急之下拿起手边的一块砖向黑衣男子砸去，结果黑衣男子被击倒在地，当场死亡。

法律疑点

吴某为了保护公司的财产，在与歹徒扭打过程中不慎将其打死，其行为构成正当防卫吗？

法律分析

吴某的行为构成正当防卫。

我国《刑法》第二十条规定：“为了使国家、公共利益、本人或者他人的人身、财产和其他权利免受正在进行的不法侵害，而采取的制止不法侵害的行为，对不法侵害人造成损害的，属于正当防卫，不负刑事责任。……对正在进行行凶、杀人、抢劫、强奸、绑架以及其他严重危及人身安全的暴力犯罪，采取防卫行为，造成不法侵害人伤亡的，不属于防卫过当，不负刑事责任。”因此，构成正当防卫的要件有：（1）实际的不法侵害存在；（2）不法侵害必须正在进行；（3）必须是为了使国家、公共利益、本人或他人的人身、财产和其他权利免受不法侵害；（4）防卫行为必须针对不法侵害人进行；（5）防卫行为没有明显超过必要限度，造成重大损害。

《刑法》第二十条的规定说明了，正当防卫是一种合法行为，不构成犯罪，也不产生刑事责任。这在一定程度上表明，我国法律鼓励民众与不法势力做斗争，但是需要在一定程度内。若防卫行为明显超过必要的限度，且对不法侵害人造成了重大损害，那么行为人就需要承担相应的刑事责任，但应减轻或免除处罚。法律的此项规定，在公平正义的基础上，既保护了公民的合法权益不受侵害，同时还打击了犯罪。

在上面的案例中，吴某为了保护公司的财物，挺身而出，与歹徒扭打在一起，在歹徒用刀刺向自己时，为了自身安全，不慎用砖头将歹徒砸死，主观上不存在故意或过失，没有违反刑法规定。因此，吴某的行为属于正当防卫，不负刑事责任。

条文链接

《中华人民共和国刑法》

第二十条 为了使国家、公共利益、本人或者他人的人身、财产和其他权利免受正在进行的不法侵害，而采取的制止不法侵害的行为，对不法侵害人造成损害的，属于正当防卫，不负刑事责任。

正当防卫明显超过必要限度造成重大损害的，应当负刑事责任，但是应当减轻或者免除处罚。

对正在进行行凶、杀人、抢劫、强奸、绑架以及其他严重危及人身安全的暴力犯罪，采取防卫行为，造成不法侵害人伤亡的，不属于防卫过当，不负刑事责任。

职场人生

当公司的财物或他人、本人的人身、财物正在遭受不法侵害时，我们有义务挺身而出与不法侵害作斗争，而采取的制止不法侵害的行为，对不法侵害人造成损害的，属于正当防卫，不负刑事责任。但一旦对不法侵害人造成的侵害超过必要限度的，就需要承担相应的刑事责任，但会减轻或免除处罚。可见，法律是鼓励我们在日常生活中与不法分子作斗争的，但我们需要尽量去把握一定的限度，不可超过限度对不法侵害人造成严重伤害，否则我们仍然需要承担相应的刑事责任。

118. 员工为了避免更大的损失发生，情急之下毁损了部分财物，其行为构成紧急避险吗？为此造成的损失应由谁承担？

职场在线

韩某原本一直在农村老家以种地为生，后来村里的年轻人都进城打工了，日子也都越过越好。于是，韩某将家里的事务全都交给妻子一人打理，自己进城打工去了。进城之后，韩某到了一家生产棉纺的工厂里工作，主要负责工厂仓库的管理。一日，几个工友下班之后，在仓库旁搭了一个火堆，大家一边烧烤一边喝酒。后来一阵狂风吹过，火苗吹到了仓库门口。由于仓库门口堆放着许多还没有来得及运到仓库里的棉纺，火苗一下子壮大了许多。眼看火势马上就难以控制了，紧急之中韩某用水将部分棉纺浇湿，然后覆盖到着火的棉纺上，从而将火熄灭了。但被水浇湿的棉纺因受潮而无法销售了。

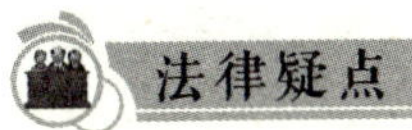

法律疑点

韩某为了避免造成更大的损失，情急之下毁损了部分棉纺，韩某的行为构成紧急避险吗？为此造成的损失应由谁来承担？

法律分析

韩某的行为构成紧急避险，为此造成的损失应由引起险情的人承担。

我国《刑法》第二十一条规定：“为了使国家、公共利益、本人或者他人的人身、财产和其他权利免受正在发生的危险，不得已采取的紧急避险行为，造成损害的，不负刑事责任。紧急避险超过必要限度造成不应有的损害的，应当负刑事责任，但是应当减轻或者免除处罚。”也就是说，采取紧急避险措施应符合以下情形：（1）避险的目的是为了使国家、公共利益、本人或者他人的人身、财产和其他权利免受危险；（2）“危险”正在发生，使上述合法权益受到威胁；（3）紧急避险所造成的损害必须小于避免的损害。

紧急避险行为虽然造成了某种合法权益的损害，但联系到具体事态来观察，从行为的整体来考虑，该行为根本没有社会危害性，也根本不符合任何犯罪的构成要件。因此，法律明确规定，当发生危险时，为了避免更多更大的合法权益受到侵害，不得已采取损害小部分利益的行为，是符合法律规定的。但这需要把握一定的限度，若超过必要的限度造成不应有的损害，行为人就需要负刑事责任，但应减轻或免除处罚。

在上面的案例中，韩某为了防止火势扩大，情急之下果断用淋湿的棉纺覆盖在着火的棉纺上。虽然淋湿的棉纺不能再次销售，但为工厂避免了更大损失的发生，根据法律的规定，韩某的行为构成紧急避险，而为此造成的损失，也应由引起险情的那几个工友承担。

条文链接

《中华人民共和国刑法》

第二十一条　为了使国家、公共利益、本人或者他人的人身、财产和其他权利免受正在发生的危险，不得已采取的紧急避险行为，造成损害的，不负刑事责任。

紧急避险超过必要限度造成不应有的损害的，应当负刑事责任，但是应当减轻或者免除处罚。

第一款中关于避免本人危险的规定，不适用于职务上、业务上负有特定责任的人。

职场人生

紧急避险是为保护较大的合法权利，而不得已采取的侵犯另一个较小的合法权利的行为。根据法律规定，在一定限度内造成损害的，行为人不需要承担任何责任；但若超出必要限度造成不应有的损害时，行为人就应负刑事责任，但应减轻或免除处罚。同时，关于避免本人危险的规定，不适用于职务上、业务上负有特定责任的人。所以，当企业财物受到侵害时，我们可以在损害较少财物的情况下，保护更多的财物不受侵害，而为此损失的财物，我们不需承担任何责任。

图书在版编目（CIP）数据

人生法律解答书．职场卷 / 维权帮编．—北京：中国法制出版社，2019.4

（法律解答书系列）

ISBN 978-7-5093-9698-8

Ⅰ．①人… Ⅱ．①维… Ⅲ．①法律—中国—普及读物 Ⅳ．①D920.5

中国版本图书馆 CIP 数据核字（2018）第 191247 号

责任编辑：戴　蕊　李宏伟　　封面设计：周黎明

人生法律解答书．职场卷

RENSHENG FALÜ JIEDA SHU. ZHICHANG JUAN

编者 / 维权帮

经销 / 新华书店

印刷 / 三河市紫恒印装有限公司

开本 / 730 毫米 ×1030 毫米　16 开　　印张 / 13.25　字数 / 237 千

版次 / 2019 年 4 月第 1 版　　2019 年 4 月第 1 次印刷

中国法制出版社出版

书号 ISBN 978-7-5093-9698-8　　定价：39.80 元

北京西单横二条 2 号　邮政编码 100031　　传真：010-66031119

网址：http://www.zgfzs.com　　**编辑部电话：010-66054900**

市场营销部电话：010-66033393　　**邮购部电话：010-66033288**